타임라인으로 보는 지식 대백과
4 생물

앤 루니 글

바이얼릿 타바코 그림

오현주 옮김

처음 세포로부터
현재의 생물까지

타임주니어
TIME JUNIOR

표지를 살펴볼까요?

표지에 있는 생물들이에요. 책 속에서 자세히 살펴보세요!

① 디메트로돈: 51쪽
② 모르가누코돈: 63쪽
③ 스밀로돈: 113쪽
④ 공룡: 66~87쪽
⑤ 인간: 112, 114~115, 117, 122쪽
⑥ 클라우디나: 20쪽
⑦ 세균: 13~14쪽
⑧ 털매머드: 121쪽
⑨ 사지형 어류: 38쪽

타임라인으로 보는 지식 대백과
4 생물

2024년 12월 27일 초판 1쇄 발행
글 앤 루니 | **그림** 바이얼릿 타바코 | **옮김** 오현주
편집인 이현은 | **편집** 이호정 | **마케팅** 이태훈 | **디자인** 허문희
제작·물류 최현철, 김진식, 김진현, 심재희

펴낸이 이길호 | **펴낸곳** 타임주니어
출판등록 제2020-000187호 | **주소** 서울시 강남구 봉은사로 442 75th Avenue 빌딩 7층
전화 02-590-6997 | **팩스** 02-395-0251 | **전자우편** timebooks@t-ime.com | **인스타그램** @time.junior_
ISBN 979-11-93794-94-4(74000)

타임주니어는 (주)타임교육C&P의 단행본 출판 브랜드입니다.
• 책값은 뒤표지에 있습니다. 잘못 만들어진 책은 구입하신 곳에서 바꾸어 드립니다.

Visual Timelines: Life on Earth
Written by Anne Rooney and illustrated by Violet Tobacco
Copyright © Arcturus Holdings Limited
www.arcturuspublishing.com
All Rights Reserved.
Korean translation rights © 2024 TIME EDUCATION C&P
Korean translation rights are arranged with Arcturus Holdings Limited through JMCA Agency Korea.

┌─ 어린이제품 안전특별법에 의한 기타표시사항 ─
제품명 양장 도서 | **제조자명** 타임교육C&P | **제조국명** 대한민국 | **제조년월** 2024년 12월 | **사용연령** 7세 이상

차례

들어가며

우리가 사는 지구는 생명으로 가득해요. 깊은 바다로부터 숲, 사막, 산에 이르기까지, 우리 머리 위 하늘로부터 발아래 암석들에 이르기까지 전부 생명의 터전이지요. 유기체(살아 있는 것)는 지구 곳곳에서 저마다 살아남을 방법을 찾아요. 현미경으로만 볼 수 있는 아주 작은 생명부터 몇 제곱킬로미터에 이르는 균류까지, 지구에 존재하는 생명체의 종류는 어마어마하게 많답니다.

지구상에서 가장 큰 생명체 군락 그레이트배리어리프

쥐라기 시대의 종자식물 윌리엄소니아

오랜 진화 과정

오늘날 지구상에 존재하는 모든 생물은 약 40억 년 전 시작된 생명의 첫 형태로부터 진화했어요. 진화는 시간이 흐름에 따라 나타나는 변화로, 유기체는 환경에 적응하며 그대로 남겨지거나 어딘가 달라지며 진화하지요. 기후 변화 혹은 새로운 포식자의 등장 같은 압박이나 도전에 대응하며 변하는 거예요. 살아가는 환경에 잘 맞는 개체는 번식하며 가장 성공적인 특성을 후대에 전해 줘요. 환경에 적응하지 못한 개체는 죽거나 번식에 실패하면서 자신의 특성을 후대에 전달하지 못하지요. 이러한 과정을 자연 선택이라고 해요. 오랜 시간 동안 변화하고 다양해진 유기체들은 여러 종류로 나뉘어, 모두가 각각 다른 장소와 조건에 맞추어 살아가게 돼요.

사지형 어류인 틱타알릭

초기의 총기 어류인 유포로스테우스

초기 파충류인 오피아코돈

네 발 육지 동물들은 총기(엽상 지느러미) 어류에서 진화했다. '사지형 어류' 단계를 거치며 지느러미를 이용해 강둑을 넘어 땅으로 올라왔고 공기로 호흡하는 능력을 발달시켰다.

죽어서 돌이 되다

아주 먼 과거에 살았던 유기체에 관해 우리가 아는 많은 정보는 화석으로부터 얻은 거예요. 오래전에 죽은 생명체의 흔적이 바위에 남은 것이 화석이지요. 뼈나 이빨, 발톱과 같은 신체 기관이 수백만 년 이상 시간이 지나며 무기물로 변해 화석이 돼요. 혹은 점토, 진흙, 모래와 같은 것에 신체가 눌려 굳은 자국도 화석이 될 수 있어요. 이 자국을 통해 우리는 피부, 머리카락, 나뭇잎, 뿌리와 같이 보통 화석화되지 않는 유기체의 부드러운 부분까지도 알아볼 수 있어요. 또한 동굴이나 발자국 같은 것의 흔적도 돌에 남아 화석이 될 수 있어요.

절지동물의 단단한 부분은 해면동물의 부드러운 부분에 비해 화석화되기 쉽다. 초기 생물의 몸은 대부분 부드러워서 5억 5천만 년 이상 된 화석은 얼마 없다.

절지동물인 메가네우라

해면동물

썩지 않고 돌이 되다

식물이나 동물의 죽은 몸은 보통 온도나 수분으로 인해 분해되어 다른 동식물의 먹이가 되거나 부패해요. 하지만 때로 여러 조건이 맞으면 그대로 화석화될 수도 있어요. 죽은 몸이 분해되거나 부패하기 전에 물속으로 떨어지면, 퇴적물(모래와 흙)이 그 위에 쌓일 수 있어요. 퇴적물이 점점 더 쌓이다 보면 열기와 압력이 가해지며 천천히 돌로 변해요. 사이에 끼인 몸은 물속의 화학 물질로 딱딱해지지요. 이렇게 원래의 모양을 유지한 채 돌의 일부가 돼요. 훗날 사람들이 돌을 발굴하면서 화석을 찾아냈어요.

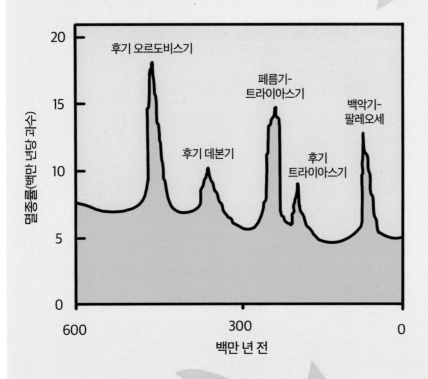

얼마나 됐을까?

화석을 연구하는 사람들을 고생물학자라고 해요. 생물이 어떻게 생겼었는지, 언제 그리고 어떻게 살았었는지를 연구하지요. 돌은 아래에서 위로 차례차례 쌓여서, 더 오래된 층일수록 아래에 있어요. 화석이 어떤 층에서 발견되었느냐를 통해 어떤 생명체가 다른 생명체보다 먼저 살았는지 나중에 살았는지를 알 수 있답니다.

돌 속의 화학 물질은 방사성 붕괴라는 과정을 통해 점차 다른 물질로 바뀌는데, 이 성질을 이용해 화석을 지닌 돌의 나이를 측정해요. 수백만 년 이상 진행되던 암석 원자의 방사성 붕괴를 측정하여 화석의 연대를 결정하는 방법을 방사성 연대 결정법이라고 해요.

돌은 처음 생긴 부분을 가장 아래로 해서 위로 쌓이며 층을 만든다. 층은 땅의 움직임, 지진, 조산 운동으로 인해 무너질 수 있다.

지질 시대

과학자들은 지구의 긴 역사를 각각 다른 이름의 지질 시대로 나눈답니다. 주로 여러 종류의 생명체가 비교적 짧은 기간에 한꺼번에 멸종한 시기인 대멸종 같은 주요 사건을 중심으로 시대를 가르지요. 이 책에 연이어 등장하는 지질 시대를 한눈에 보려면 언제든 여기로 돌아와 확인하세요.

신생대	홀로세	현재
		11,700년 전
	플라이스토세	
		2.6
	플라이오세	
		5.3
	마이오세	
		23
	올리고세	
		33.9
	에오세	
		56
	팔레오세	
		66
중생대	백악기	
		145
	쥐라기	
		201.3
	트라이아스기	
		252
고생대	페름기	
		299
	석탄기	
		359
	데본기	
		419
	실루리아기	
		443.8
	오르도비스기	
		485.4
	캄브리아기	
		541
	원생누대	
		2,500
	시생누대	
		4,000
	명왕누대	
		4,600

멸종률 그래프: 후기 오르도비스기 / 후기 데본기 / 페름기-트라이아스기 / 후기 트라이아스기 / 백악기-팔레오세

멸종률(백만 년당 과수) — 백만 년 전 (600, 300, 0)

대멸종 다섯 번을 거치며 모든 생물 가운데 75% 이상이 사라졌다.(▶30~31쪽)

귀한 발견

생명체 중 극히 일부만이 화석화돼요. 생명체 한 종에서 오로지 한두 종류의 화석만을 얻는데, 이 역시도 때로는 일부분이 빠지거나 망가진 상태로 불완전하지요. 1억 년 전의 암석에서 화석이 나왔다면, 그 생명체는 1억 년 전에 살았다고 말할 수 있어요. 하지만 언제 처음 나타났고 언제 죽었는지는 알 수가 없지요. 아주 짧은 시간 동안만 존재하던 중에 우연히 화석이 됐을 수도, 1천만 혹은 2천만 년 정도 존재하는 동안 화석이 됐을 수도 있으니까요.

파라사우롤로푸스 공룡의 화석은 7천3백50만 년 전부터 7천만 년 전 사이로 연대를 추정할 수 있다. 이 공룡은 그 전에 나타났거나 그 이후까지 생존했을 수 있지만, 추정 시기 전후로 남겨진 화석이 없다.

지구 위 어디에?

오늘날의 대륙은 지구 위의 광대한 땅이 수십억 년 넘게 움직이며 형성됐어요. 해수면 역시 오르락내리락해서, 오늘날 바닷속 일부는 한때 마른 땅이기도 했고요. 현재 유럽 지역은 지구 역사의 한 시점에는 남극 근처 바닷속에 있었어요. 어떤 시점에는 땅이 하나의 거대한 대륙으로 모여 있었고, 다른 시점에는 바다로 나뉘었어요. 이런 변화는 동물의 이동과 진화에 영향을 끼쳤지요.

세계는 6천5백만 년 전만 해도 매우 다른 모습을 하고 있었다.

그림처럼 귀여웠을까?

이 책에는 여러 생명체의 그림이 나오지만, 고대 생물의 실제 모습을 제대로 알 수는 없어요. 어떤 동물의 뼈와 이빨만 남았을 때 그 동물의 피부가 어땠는지, 뚱뚱한지 말랐는지, 무슨 색인지, 털과 깃털, 비늘이 어땠는지, 혹은 또 다른 외피가 있었는지, 우리는 알 수가 없죠. 시간을 멀리 거슬러 올라갈수록 생명체의 모습이 어떠했는지 더욱 확신할 수 없어요. 살아 있는 후손에게서 얻을 수 있는 단서도 많지 않고요.

투판닥틸루스는 커다란 머리 볏이 있는데, 아주 밝은색 장식일 거라고 추측하지만 확실치는 않다.

7

chapter 1

살아 움직이다

우리가 아는 한, 지구는 생명체가 살고 있는 유일한 장소예요. 혹시나 태양계의 다른 행성이나 위성에서 외계 생명체를 발견한다고 해도 아마 현미경으로만 볼 수 있는 단순한 미생물 정도겠죠. 지구의 생명체 역시 미생물에서 시작했지만, 조화로운 환경 덕분에 생명이 증식하고 번성했어요. 지구에서 살아가는 다양한 생명체 모두, 처음엔 이렇듯 작은 하나에서 출발했지요. 지구가 변화하며 생명체도 변화하고, 동시에 생명체가 지구를 변화시키기도 해요. 서로 미묘하게 영향을 주고받으며 지구를 이루는 물질과 동식물이 지금껏 함께 성장해 왔어요. 최초의 미생물조차도 자신을 둘러싼 바다, 땅, 공기를 변화시킬 수 있었답니다.

46억 년~44억 년 전

살아 있는 것들은 살아갈 집이 필요하고, 우리의 집은 여기, 지구예요. 지구는 생명이 시작되기 전부터 생겨나 이제는 상당히 안정된 상태로 자리 잡았어요. 지금으로부터 수십억 년 전, 우주에 광활하게 펼쳐진 먼지와 가스 구름이 훗날 태양계가 될 물질을 운반하며 빙글빙글 돌고 있을 때부터 우리의 이야기를 시작할 거예요.

45억 7천만 년 전

구름이 스스로 붕괴하기 시작하자, 중력은 물질 대부분을 가운데로 잡아당겼다. 그 안에서 물질이 강력하게 짓눌리면서 **핵융합**이 일어나고, **태양**이 빛나기 시작했다.

45억 5천만 년 전

남아 있는 구름은 납작해져서 **원반 형태로 새로운 태양 주변을 돌기 시작**했다. 구름이 차가워지자 서로 부딪치던 암석과 작은 얼음 조각들이 달라붙었다.

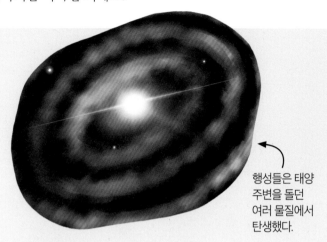

행성들은 태양 주변을 돌던 여러 물질에서 탄생했다.

46억 년 전

더 많은 물질이 모여들고 중력이 이를 잡아당겨 행성이 점점 커지면서 공 모양이 된다.

45억 4천만 년 전

지구와 그 밖에 다른 돌로 이루어진 **행성들에 여러 물질이 부착**해 덩어리가 점점 커지면 중력이 더해지면서 더 많은 물질을 끌어들인다. 지구는 태양 주변을 돌면서 동시에 자체의 축을 중심으로 스스로 돈다. 이때 표면의 모든 부분을 안으로 잡아끄는 중력이 행성을 둥글게 만든다.

· 지구의 안과 밖 ·

지구가 점점 커지는 동안 중력은 물질들을 강하게 누르며 열을 내, 안에서 이 새로운 행성을 녹인다. 녹은 금속은 돌 틈새로 흘러 들어가고 지구는 금속으로 된 핵과 이를 둘러싼 액체 반 고체 반의 껍데기로 구분된다. 수백만 년이 흐르면서 지구의 대부분이 녹는데, 차가운 우주에 노출되는 바깥은 천천히 식고, 내부는 펄펄 끓는다.

45억 3천만 년 전

성장하던 행성인 **테이아**가 지구와 충돌했다. 테이아와 지구의 넓은 영역이 (가스가 될 정도로 뜨거워져) 수증기가 되어 우주 속으로 내던져졌다. 수증기가 된 암석이 다시 차가워지자, 몇몇은 지구로 떨어졌고 일부는 뭉쳐서 지구 주변 궤도를 돌기 시작했다. 이렇게 암석 무리가 모여서 반은 액체, 반은 고체인 엄청나게 큰 구형이 된 것이 바로 **달**이다.

테이아와 충돌한 영향으로 지구는 암석이 순간적으로 가스로 변할 만큼의 열을 생성했다.

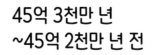

45억 3천만 년 ~45억 2천만 년 전

지구가 차가워지면 녹은 암석의 표면이 딱딱해진다. 빛을 내는 물질이 안에서 피어오르고 수증기를 비롯한 가스가 빠져나가며 **대기(가스의 층)를 형성**한다.

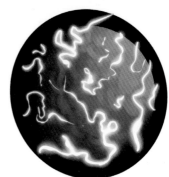

44억 년 전

44억 년 전

수증기는 나중에 비가 되어 내릴 구름을 만든다. 수백만 년 동안 내린 비가 바다를 이루어 지표면 대부분을 덮었다.

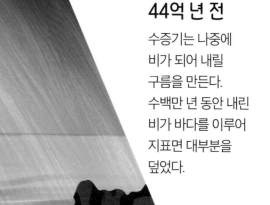

· 지구의 표면 ·

과학자들은 44억 년 전에서 40억 년 전 사이에 지구가 뜨거웠는지 차가웠는지 확신하지 못한다. 표면의 경우, 처음에는 차가웠는데 녹아내린 암석이 안에서 밖으로 분출한 탓에 여러 차례 갈라졌다. 그 이후 지표면은 물과 같은 액체, 약간의 얼음, 차가운 암석으로 이루어져 지금처럼 식어 버렸거나 아니면 뜨거운 상태를 유지했을 수도 있다. 하지만 정확히 알 길이 없다.

생명의 탄생

정확히 어떻게, 언제, 어디서 지구 최초의 생명이 시작되었는지는 아무도 몰라요. 바닷속 깊은 곳에서 시작했을 수도, 낮은 해안이나 웅덩이에서 시작했을 수도 있어요. 시기는 지구 표면이 단단해진 45억 년 전과 가장 오래된 화석의 나이인 37억 년 전 사이 그 어느 때일 거예요.

물속 생명

지구의 표면이 차가워지면서 액체인 물은 낮은 지대에 모여 **웅덩이와 바다**를 형성했어요. 그러면서도 지구는 위로부터는 태양으로 인해, 지구 내부 깊숙한 곳에서는 방사능으로 인해 꾸준히 열을 받아요.

바닷속 **심해 열수구**는 데워진 물을 주변의 바다로 쏟아붓는 굴뚝과 같아요. 미네랄이 풍부한 이 물은 열을 에너지의 원천으로 사용하는 미생물에게 영양분을 공급하지요.

심해 열수구가 내뿜는, 미네랄이 풍부하고 뜨거운 물은 많은 생명체의 집이 된다.

화산에서 터져 나온 가스가 물이 되어 비로 떨어지면서 웅덩이를 만들고 마침내 바다를 이룬다.

최초의 생명이 살아가기에는 물속 환경이 가혹했다 해도, 극단적인 환경에서 살아남은 여러 생명체가 분명히 존재해요. **'극한 미생물'**이라고 불리는 이들은 매우 덥거나 추운 곳, 산성화된 액체 속, 암석 속, 독성 화학 물질이 있는 환경에서도 살아남아요. 저 밑바닥 지하에 있는 세균으로부터 화산 주변 심해 열수구 근처에 사는 이상한 튜브 모양 애벌레까지 종류도 다양하지요.

갑작스러운 등장

1952년 미국 화학자 해럴드 유리와 스탠리 밀러가 **초기 지구와 같은 조건에서 생명체가 생겨날 수 있는지 실험**을 진행했어요. 먼저 지구 초기의 바다와 웅덩이에서 구할 수 있으며 초기 대기와 어울릴 만한 화학 물질로 '수프'를 만들었어요. 여기에 전기를 일으켜 '바다'를 강타하는 가짜 번개를 만들었지요. 이때 물속에서 생명체가 생길 때 필수로 나타나는 화학 물질을 발견했어요.

활동을 시작하다

살아남으려면 (자신과 똑같은 개체를 만드는) **번식**이 필요해요. 번식하려면 환경의 영향을 받지 않고, 사용할 에너지원도 있어야 하죠. 적절한 성분만 주어진다면 **스스로 복제**할 수 있는 화학 물질, 작고 우묵해 수분을 안에 가둬 둘 수 있는 주머니 속에서 자체 배열되는 화학 물질들이 있어요. 스스로 복제한 화학 물질이 우묵한 주머니 안에 갇히는 순간, 환경으로부터 격리되며 **처음 생명으로 이어지는 시작점**이 될 수 있어요. 물론 하나의 가능성이지, 실제로 무슨 일이 일어났는지는 아무도 모르지요.

자기 복제 화학 물질의 미세한 과정을 살펴보면 생명의 시작을 알아낼 수 있을지 모른다.

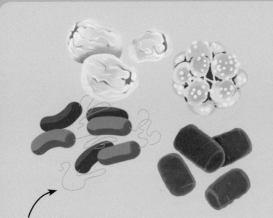

최초는 여전히 남아

어떻게 출발했든, 37억 년 전까지는 **미생물**이 아주 작은 단세포 유기체로서 존재했어요. 이는 스트로마톨라이트라 불리는 화석으로 보존되었으며(▶15쪽), 그린란드와 오스트레일리아에서 발견되었지요. 세상에는 단세포 유기체가 여전히 많아요. 오늘날에도 발견되는 **원시 세균과 박테리아**와 같은 것이 첫 미생물일 거예요. 이제는 서로 다른 모양, 서로 다른 생존 방식으로 나타나지만, 주변 환경에서 화학 물질과 에너지를 얻어 신체에 영양분을 공급하고 자기 복제를 하는 점은 모두 같아요.

현재의 원시 세균과 박테리아를 통해 최초 생명체의 모양을 추측해 볼 수 있다.

대기라는 이불

지구의 초기 대기는 이산화 탄소와 수증기로 이루어져 있었어요. 이산화 탄소는 온실가스로, 지구 표면의 열기를 잡아 두죠. 태양이 아직 어려서 지금보다 적은 에너지를 보냈을 때도 이산화 탄소가 많은 대기가 지구를 따뜻하게 덮어 주었어요. 미생물도 도움이 됐어요. 적어도 35억 년 전, 혹은 더 이른 시기에 미생물은 탄소와 수소로부터 메테인 가스를 만들어 냈을 거예요. 메테인은 이산화 탄소보다 더 강력한 온실가스로, 열기를 모아 두어 생명체가 번창하는 데 아주 큰 역할을 했을 거예요.

햇볕이 약했을 때에도 지구의 대기가 열기를 모아 두었다.

44억 년~21억 년 전

생명은 44억 년 전에서 37억 년 전 사이 어느 때에 나타났어요. 모든 생명체의 시초는 '원핵생물'이라 불리는 단세포의 미생물이었지요. 오늘날에도 세상에는 단순한 미생물, 박테리아, 고세균류 등 많은 원핵생물이 존재해요. 초기 박테리아의 일종인 남세균은 지구 위에서 사는 과정을 영원히 바꿔, 현재의 삶을 가능하게 했지요.

44억 년~37억 년 전
처음 나타난 단순 유기체가 지구상 최초의 생명이었다.

42억 8천 년 전
화석이라 여겨지는 돌 중에 가장 오래된 것으로 아주 작은 암석 관이 있는데, 현재 (심해) 열수 분출구에서 발견된 것과 유사하다. 캐나다의 암석에서 찾아냈으며, 진짜 화석인지는 아직 확실하지 않다.

풍부한 철과 미네랄로 이루어진 작은 암석 관이 지구 최초 생명체의 증거가 될지도 모른다.

44억 년 전

44억 년~37억 년 전
모든 현대 유기체가 결국 이로부터 진화했다고 알려진 초기 유기체, **'최후의 보편 공통 조상(LUCA)'**이 있다. 초기 생명체와 최초 화석이 발견된 때 사이 어느 시점에 살았지만 정확한 시기는 모른다. 이것이 최초 생명체일 가능성도 있지만 확실치는 않으며, 당시 한 번 이상 생명체가 나타났을 수 있다. 초기 형태는 흔적도 자손도 남기지 않았을 것이다.

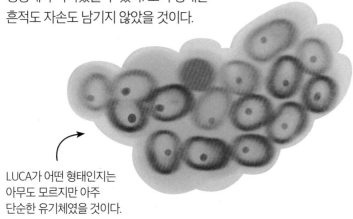

LUCA가 어떤 형태인지는 아무도 모르지만 아주 단순한 유기체였을 것이다.

자유롭게 떠다니는 남세균

37억 년 전
남세균이라는 미생물이 광합성을 하기 시작했다. 남세균은 햇빛이 필요해서 물의 표면에서만 살 수 있으므로 얕은 물에 넓은 '매트'처럼 깔린다.

• 광합성 •
남세균은 햇빛에서 에너지를 얻어 이산화 탄소를 분해하고, 물에서 얻은 에너지로는 글루코스라 불리는 당류와 산소를 만들어 낸다. 당류는 세균이 자기 몸을 유지하며 살아가는 데 필요한 '연료'이고 산소는 폐기물로 방출된다. 오늘날, 모든 초록 식물은 이러한 방식으로 광합성을 하여 다른 생명체들이 살아가는 데 필요한 산소를 방출한다.

37억 년 전

퇴적물이 남세균 매트 위로 쌓이면 더 많은 남세균이 그 위에 자라나고, 죽은 남세균 사체 언덕과 퇴적물이 화석화되어 스트로마톨라이트라는 줄무늬 암석이 된다. 이것이 우리가 확실하게 **화석**이라고 부를 수 있는 **가장 오래된 암석**이다.

스트로마톨라이트는 햇빛이 닿는 얕은 물에서 생성된다.

24억 년~21억 년 전

이산화 탄소는 지구 주변의 열기를 가둬 따뜻하게 유지하는 온실가스이다. 남세균이 많은 양의 이산화 탄소를 흡수하며 지구는 무섭도록 차가워졌다. 바다며 땅이며 두꺼운 얼음층이 뒤덮어 얼어붙었다. 이러한 **'눈덩이 지구'** 상태는 3억 년 동안이나 이어졌다.

눈덩이 지구에도 일부, 액체 상태의 물이나 반쯤 녹은 얼음이 존재하는 영역이 있었거나 전체가 얼음이었을 수 있다.

21억 년 전

34억 년~24억 년 전

광합성을 하는 남세균은 서식지인 얕은 바다에 **산소를 내뿜었다.** 처음으로 바다에서 산소를 이용한 화학 반응이 일어났다.

22억 년 된 암석의 붉은색 줄은 초기 산소의 증거다.

24억 년~20억 년 전

남세균은 아주 성공적으로 살아남았다. 얕은 수면 위를 오롯이 차지하며 다른 미생물을 바다 더 밑으로 내려보냈다. 남세균이 성공적으로 정착하면서 더 이상의 산소가 녹아들 수 없을 만큼 물속 산소의 양이 증가했다. 일부는 물속 철에 반응하여 산화철(녹)을 생성했고 일부는 대기에 스며들었다. 이를 '산소 대재앙'인 **산소 급증 사건**이라고 한다.

21억 년~7억 2천만 년 전

18억 년에서 8억 년 전 사이에는 미생물이 그다지 많은 일을 하지 않았고 진화도 활발히 일어나지 않았어요. 과학자들이 '지루한 10억 년'이라고 일컫는 이 시기에 좀 더 복잡한 최초의 세포, 즉 단일이 아닌 양 부모를 가진 최초의 다세포 유기체가 등장했다고 여겨져요.

21억 년 전

얼어 버린 표면 아래에서는 계속 화산이 폭발했다. 이때 이산화 탄소가 대기로 쏟아져 지구가 다시 천천히 뜨거워지며 결국 얼음이 녹았다. 얼음 속 미네랄은 바다로 흘러갔는데, 얼음에서도 살아남은 **미생물들에게 영양분**이 된 덕분에 생명이 바닷속에서 빠르게 번식하고 성장했다.

21억 년 전

21억 년 전

동그랗게 생긴 다세포 유기체는 아프리카 가봉의 해저에서 군락을 이루며 살았는데, 현지의 암석에서 그 흔적이 발견되었다. 이 화석들은 중앙이 원 모양으로 솟아 있으며 납작하고, 둘레에는 주름이 있다. 크기는 최대 17cm 정도이다. 관 모양이거나 진주를 꿰어 놓은 듯한 모양도 있다.

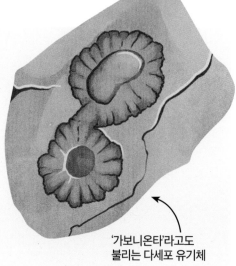

'가보니온타'라고도 불리는 다세포 유기체

21억 년~18억 년 전

미생물은 다른 미생물을 흡수하는데(소화는 하지 못한다), 결국 자기 안에 여전히 기능하는 작은 미생물을 품고 있게 된다. 시간이 흐르면 이것은 **원핵생물**이라 불리는 형태의 단일 유기체가 된다.

18억 년 전까지

최초의 원핵생물 세포가 현대 원핵생물로 진화했다.

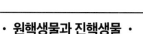

• 원핵생물과 진핵생물 •

유기체 속에 또 하나의 유기체가 살아가는 방식을 세포 내 공생이라고 한다. 이는 양쪽으로 이로운 점이 있다. 큰 세포는 자신을 위해 식량 에너지를 생산하는 등의 일을 하는 작은 세포를 갖는 셈이고, 작은 세포는 필요한 화학 물질을 제공받으며 안전한 환경에서 살아갈 수 있다. 오늘날 세균과 같은 단순한 미생물들은 여전히 원핵생물이다. 세포를 하나 이상 가지고 있는 유기체들, 그리고 좀 더 복잡한 단세포 유기체들은 진핵생물이다.

15억 6천만 년 전

미역의 기다란 줄기처럼 생긴 다세포 유기체들은 오늘날의 중국 바다에서 살았다. 약 30cm 길이로, 아마도 광합성을 했을 것이다. 이 세포들은 모두 모양이 똑같은데, 더 복잡한 다세포 유기체와 마찬가지로, 몸속 기능이 다르다 하더라도 세포의 모양은 서로 다르지 않았다.

8억 9천만 년 전

해면동물의 최초 형태가 이때 나타나, 약 7억 8천만 년 전 혹은 더 늦게 진화했을지도 모른다. 해면동물은 여러 종류의 세포들로 구성된 단순한 다세포 유기체이다. 중앙의 통로로 물을 걸러 내 영양분을 얻는다. 정해진 신체 구조는 없고, 잘려도 새롭게 자라나 기능한다!

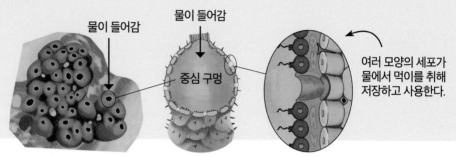

물이 들어감

물이 들어감

중심 구멍

여러 모양의 세포가 물에서 먹이를 취해 저장하고 사용한다.

12억 5천만 년 전

최초의 단순 식물은 아마도 바다에서 진화했을 것이다.

10억 년~9억 년 전

현재의 캐나다 지역에 **최초의 곰팡이**가 살았다.

7억 2천만 년 전

8억 년~7억 년 전

아메바, 홍조류, 유공충이 바다에 널리 퍼졌다. 유공충은 단순한 단세포 유기체로, 몸을 둘러싼 백악질의 껍데기를 만든다.

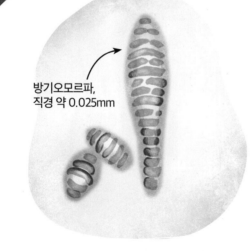

방기오모르파, 직경 약 0.025mm

· 환경과 번식 ·

무성 생식으로 복제 생물을 만들어 낼 수 있는데, 이는 정확히 자신의 복제이다. 단순 유기체는 이런 쉬운 방법으로 새로운 지역을 장악해 나간다. 환경이 바뀌지 않는다면 이는 순조롭게 이루어진다. 유성 생식을 통해서는 세대 간의 형질이 섞이며 다양한 유기체가 탄생한다. 다양성은 환경 변화에 대응하는 좋은 보호 장치이며, 유기체가 빠르게 진화해 새로운 환경에 적응하도록 돕는다.

7억 2천만 년 전

지구가 급격히, 적어도 두 번 정도 **눈덩이 상태**가 되었고, 모든 생명 활동은 다시 멈추었다.

10억 7천만 년 전

홍조류 형태인 방기오모르파는 **유성 생식**을 한 최초의 유기체로 알려져 있다. 이는 부모로부터 받은 세포로 새로운 유기체를 만들어 냈다는 뜻이다. 이전에는 유기체가 반으로 쪼개진 뒤 자신을 복제해 무성 생식을 했다.

7억 1천9백만 년~5억 5천6백만 년 전

얼음 왕국이 끝난 지구에는 특이한 유기체들이 번창했어요. 이들은 모두 화석화가 쉽지 않은 부드러운 몸을 지녔으므로, 이제껏 알려진 당시의 화석 200가지는 실제 생물의 아주 작은 부분에 불과할 거예요. 앞선 시기의 생물은 식물도 동물도 아니었고, (아마도 해면동물이었을 생물은 제외하고) 최초의 동물이 이 시기 후반에 등장했어요.

상추 모양의 레인지오모프인 브라그다티아는 직경 50cm였다.

양치식물 같은 레인지오모프인 차니아는 보통 작았지만, 일부는 거의 2m까지 자랐다.

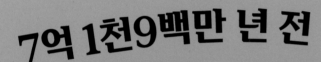

7억 1천9백만 년 ~6억 3천5백만 년 전

얼음이 수천만 년 동안 지구의 표면을 뒤덮었다. 얼어붙지 않은 지역의 경우 '질퍽한 눈덩이'가 쌓였을 수 있다.

5억 7천만 년~5억 5천6백만 년 전

최초의 가장 큰 유기체는 **레인지오모프**로, 여러 조각이 이어 붙은 부드러운 몸이었다. 해저에 붙어서 미생물과 물에 있는 영양분을 흡수했다. 같은 모양이 반복되는 신체 구조였으며, 점점 일정하게 줄어들어 양치식물의 갈라진 잎처럼 보였다. 레인지오모프는 별도 기능을 하는 다른 신체 구조를 갖추지 않은 채로 거의 2천만 년 동안 바다를 지배했다.

7억 1천9백만 년 전

6억 3천5백만 년 전

얼음을 녹일 만큼의 이산화탄소가 쌓였다. 녹아내린 **물이 돌에서 나온 미네랄을 바다로** 옮긴 덕분에 남세균과 해조류의 광합성이 활발하게 일어났다.

5억 7천5백만 년 ~5억 6천5백만 년 전

텍타르디스는 깔때기 모양의 유기체로, 주변을 흐르던 물에서 **먹이를 걸러 냈다.**

텍타르디스, 15cm

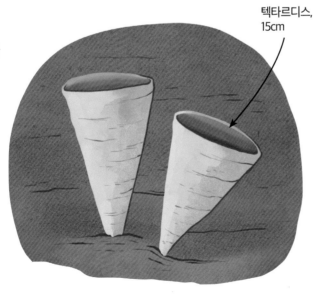

5억 6천7백만 년 ~5억 5천만 년 전

최초로 알려진 동물 가운데 디킨소니아가 있다. 미생물 매트(▶21쪽) 위에서 먹이를 먹고 살았을 걸로 추정되며, 흔적이 화석 형태로 발견되었다. 직경 1.4m까지 자라났지만, 두께는 몇 밀리미터에 불과했다.

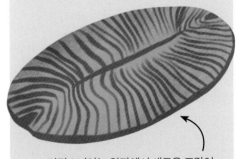

디킨소니아는 앞판에서 새로운 조각이 자라나며 크기를 키웠다.

5억 6천5백만 년 전

편형동물이 처음 나타났는데, 머리끝에 감각 기관이 있는 최초의 유기체였다. 서로 똑같이 생긴 반쪽이 갈라지지 않은 단순한 신체 구조였다. 오늘날 대부분의 동물이 이런 형태의 신체인데, 이를 **양측 신체 구조**라 부른다.

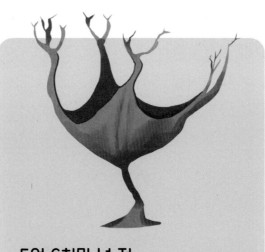

5억 6천만 년 전

하우티아는 **최초로 근육이 있었다고 알려진 동물**이다. 해파리의 조상으로 해저에 고정되어 해류의 흐름에 따라 팔을 흔들었다.

5억 5천8백만 년 ~5억 5천5백만 년 전

파르반코리나는 해저에 누워 해류의 흐름에 따라 효율적으로 먹이를 먹었다. 지네, 곤충, 게와 같이 딱딱한 외골격을 지닌 **절지동물의 조상**일 가능성이 있다.

파르반코리나, 1~3cm

5억 5천6백만 년 전

트리브라키디움, 직경 4cm

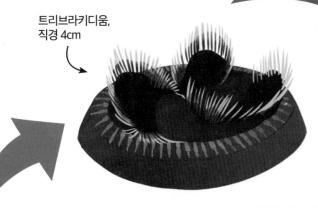

5억 5천8백만 년~5억 5천5백만 년 전

트리브라키디움은 해저에 붙어 살았다. **세 부분으로 이루어진 방사형 대칭**으로, 중심점을 기준으로 한 부분이 회전하는데, 이를 복사하여 세 개로 만든 형태이다. 현대의 불가사리와 성게 역시 똑같은 부분을 다섯 개 이상 지닌 방사형 대칭으로 이루어져 있다.

· 이동 능력 ·

움직일 수 있는 동물은 한곳에 머물러야만 하는 동물에 비해 좋은 점이 많다. 과밀 지역을 벗어나 먹이가 더 많은 곳으로 이동할 수 있고, 위험을 피할 수도 있다. 처음에는 그렇게 큰 위험이 존재하지 않았겠지만, 동물들이 서로 먹고 먹히며 살게 되면 숨거나 사냥하는 이동 능력이 생존에 매우 중요해진다.

5억 5천8백만 년~5억 5천5백만 년 전

킴베렐라는 **근육이 있는 한 발**로 달팽이처럼 움직이며 먹이를 찾았다. 유연하며 쉽게 늘어나는 팔 끝에 머리가 달렸다. 위로는 거친 비늘로 된 단단한 껍데기가 덮여 있다.

킴베렐라, 10cm 이상

19

5억 5천5백만 년~5억 3천5백만 년 전

동물이 움직이기 시작하자 변화 속도가 좀 더 빨라졌어요. 몇몇은 해저에 굴을 파거나 바다를 가로질러 헤엄치기 시작했지요. 해조류에서 처음으로 보였던 유성 생식이 이제 동물들에게도 나타났어요.

5억 5천5백만 년 전

스프리기나는 **머리와 감각 기관이 주로 앞에 있다고 여겨지는 최초의 동물**이다. 신체는 분절 형태로, 이런 신체는 더 복잡한 유기체로 쉽게 진화할 수 있다. 분절된 부분을 덧붙여 자랄 수 있으므로 기능상의 특질을(발톱이나 다리 등) 추가된 분절에 덧입히기 수월하다.

40개 분절로 이루어진 부드러운 생명체였던 스프리기나, 길이 3~5cm

5억 5천5백만 년 전

5억 5천5백만 년 전

초기의 **대칭 동물**인 이카리아는 쌀 반 톨 크기의 콩 모양으로, 부드러운 몸을 지녔다.

5억 5천5백만 년 전

클라우디나는 벌레나 자포동물의 일종이었을 것이다. 원뿔 깔때기 모양의 껍데기가 차례로 연결되어 안으로는 딱딱한 관을 형성한다. **단순한 소화 기관을** 지닌 동물의 가장 초기 형태이며 껍데기가 있던 초기 동물 중 하나이다. 껍데기는 포식자로부터 보호하는 역할을 한 듯하다.

5억 5천5백만 년 전

푸니시아는 최초로 **유성 생식**을 했다고 알려진 동물에 속한다. 해저에 닻을 내린 채 큰 군락으로 자라나며 난자와 정자를 해류 속에 방출한다. 해면과 산호처럼 싹을 틔워 번식했을 것이다. 해면이나 해파리와 같은 자포동물과 관련됐을 수 있다.

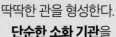

푸니시아. 30cm 길이로, 물속에서 벌레처럼 유연한 몸으로 부드럽게 움직이며 먹이를 잡아 가둔다.

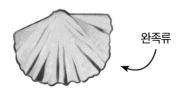

완족류

5억 5천만 년 전

최초의 완족류가 나타났다. 경첩으로 연결된 껍데기 두 개가 있는 조개이며, 오늘날의 홍합이나 조개와 같다. 껍데기가 열릴 때 몸을 지나는 바닷물에서 먹이를 걸러 낸다.

5억 5천만 년 전

가지를 내뻗은 아주 작은 **해조류들이** 현재의 중국과 브라질 일대의 바다에 나타났다.

5억 4천9백만 년 ~5억 4천2백만 년 전

나마칼라투스는 초기의 **껍질 형성 유기체**이며, 산호초 같은 형태로 해저에 붙어 있기 시작한 생명체 중 하나이다.

5억 4천3백만 년 전

두꺼운 관 모양의 바깥쪽이 해저에 붙어 있는 상태의 코룸벨라 군락은 몸을 지나쳐 흐르는 물에서 **작은 입자를 먹고** 살았다.

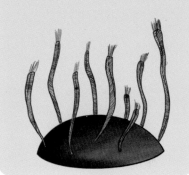

5억 3천5백만 년 전

5억 4천2백만 년 ~5억 3천2백만 년 전

모든 생물이 **미생물 매트**가 덮인 위나 해저에 살았는데, 이 매트는 대체로 몇 센티미터 두께였다. 아주 작은 동물들은 진흙이나 모래 아래로 굴을 파며 해저의 층을 뒤섞었다. 이렇게 땅에 산소가 공급되자, 산소를 견딜 수 없었던 미생물들은 죽었다. 머지않아 더 커다란 동물들이 굴을 파서 더 깊은 곳까지 뚫고 지나가며 해저 환경을 바꿨다.

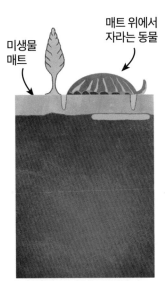

미생물 매트

매트 위에서 자라는 동물

캄브리아기 전에는 모두 매트 위나 바로 아래에 살았다.

땅굴을 파는 동물들

나중에 동물들은 해저 안으로 땅을 파 내려갔다.

• 단단한 겉모습 •

이 시기에 나온 작고 껍질이 많은 화석은 동물들이 몸을 보호하는 단단한 겉모습을 발달시키기 시작했음을 보여 준다. 이는 바닷물에서 탄산 칼슘과 같은 미네랄을 빨아들였기에 가능했다. 작고 껍질이 많은 화석 대다수는 비늘, 척추, 조가비 조각과 같은 유기체의 작은 부분이다. 곤충이나 게, 전갈과 같은 절지동물은 현재도 여전히 미네랄이 풍부한 외골격을 지녔다.

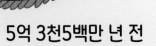

5억 3천5백만 년 전

할키에리아는 (민달팽이나 달팽이 같은) **연체동물**의 초기 형태로, 양 끝에 조개껍데기 뚜껑이 있으며 아주 작은 보호막 2,000개로 둘러싸여 있었다. 이것이 작은 조가비 화석이 되었을 수 있다.

5억 3천4백만 년~5억 1백만 년 전

원생누대가 끝나갈 무렵인 5억 4천1백만 년 전은 추웠어요. 하지만 지구가 점차 따뜻해지면서 생명이 새로운 형태로 터져 나왔죠. 이전에는 대부분 해저에 살며 천천히 움직이고 해류에 떠다니는 작은 조각을 먹이로 삼았었지만, 이제 생명체는 좀 더 활발해졌어요. 동물들은 사냥할 때는 물론, 평상시에도 잡아먹히지 않도록 스스로를 더 잘 보호했고, 생존 경쟁을 거치며 모습도 변화했어요.

5억 3천4백만 년 전

'캄브리아기 대폭발'은 캄브리아기(5억 4천2백만 년~4억 8천8백30만 년 전)에 유기체 종류가 어마어마하게 증가한 사건을 일컫는다.

5억 3천만 년 전

최초의 삼엽충이 등장했다. **역대 가장 성공적인 동물**인 삼엽충은 2억 5천만 년 넘는 시간 동안 시시각각 다른 모양으로 살아남았다. 캄브리아기 해저 화석 중 대략 80~90%가 삼엽충이다.

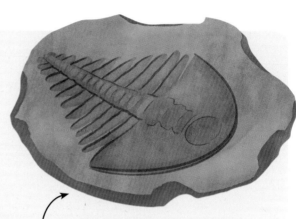

다른 삼엽충들처럼 올레넬루스도 눈에 잘 띄었다.

5억 3천4백만 년 전

5억 3천만 년 ~5억 2천만 년 전

고배류는 **최초의 산호초 동물**이다. 컵 모양의 초기 해면동물로, 서식지인 얕은 열대 바다에서 먹이를 찾았다.

5억 2천5백만 년 ~5억 1천8백만 년 전

중국 청지앙 지역의 얕은 바다는 당시 **부드러운 몸을 지닌 동물들**의 서식지였다. 이곳의 색다른 환경으로 인해 화석군이 발견되어 초기 복잡한 생명체의 놀라운 모습을 보여 준다.

5억 2천만 년 전

아주 작은 절지동물인 쿤밍젤라는 **자신의 알을 돌보는 최초의 동물**에 속한다. 암컷은 80개 이상의 알을 자신의 조가비 가장자리 아래에 보호한다. 푸산후이아는 **어린 새끼들을 돌보며** 더 멀리 움직이는데, 아주 작은 새끼 네 마리를 옆에 끼고 있는 성체가 발견되었다.

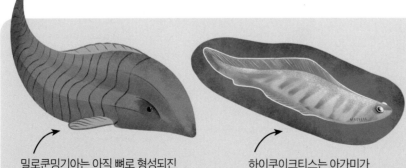

밀로쿤밍기아는 아직 뼈로 형성되진 않았으나 두개골을 가진 최초의 동물이다.

하이쿠이크티스는 아가미가 적어도 여섯 개 있었다.

5억 1천8백만 년 전

초기 **물고기와 유사한 동물**이 나타났는데, 등을 따라 단순한 등지느러미와 호흡을 위한 아가미가 있었다. **아주 이른 시기의 척삭동물**일 수 있으며, 등에 붙은 뻣뻣한 연골질의 막대는 등뼈로 나아가기 전 단계였다. 모두가 대략 2.5cm 정도의 길이로 작았다.

5억 1천8백만 년~4억 9천9백만 년 전

아노말로카리스는 이 시기 **최초의 거대 포식자**이다. 절지동물로, 겹눈이 있고 다리는 없었으며 덮개를 위아래로 펼치면서 물을 가로질러 움직였다.

아노말로카리스, 37cm

나뭇잎 모양의 동물 피카이아는 입 주변에 짧은 촉수가 있었다.

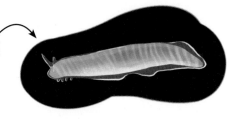

5억 1천3백만 년~5억 5백만 년 전

피카이아는 어떤 분류에도 잘 들어맞지 않는 묘한 동물이다. 벌레 같기도 하고 물고기나 절지동물 같기도 했지만 **딱히 그 어디에도 속하지 않는다.** 아가미구멍이 있었던 듯하며, 곤충의 겉면처럼 각피라고 불리는 단단한 껍질이 있었을지도 모른다. 척추동물인지 혹은 무척추동물인지 과학자들조차도 모른다. 납작한 몸으로 꿈틀거리며 갈지 자를 그리면서 물속을 가로질렀다.

5억 1천만 년 전

땅에서 발견된 가장 오래된 **흔적 화석**은 민달팽이와 같은 동물과 몇몇 초기 절지동물이 바다에서 나와 모험을 시작했다는 사실을 보여 준다.

5억 1백만 년 전

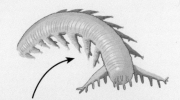

아이셰아이아. 2.5~5cm 길이로, 땅 위를 다니는 유조동물과 매우 비슷하며 땅에서 이동한 초기 동물 중 하나의 조상일 것이다.

마렐라. 2.5cm 길이로, 버지스 셰일 내에서 가장 흔한 생명체에 속했다. 많은 다리로 종종거리며 걷거나 헤엄쳤다.

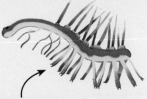

할루키게니아. 최대 5cm 길이의 부드러운 관 모양 동물로, 짧은 다리와 등을 따라 놓인 척추가 있다. 중국과 버지스 셰일에서 여러 종류가 발견되었다.

오돈토그리푸스. 6cm 길이로, 이빨이 박힌 동그란 입이 있는데 아마도 현대 연체동물에 있는 쇠창살 입의 초기 형태일 것이다.

5억 8백만 년 전

캐나다에 있는 **버지스 셰일**은 거대한 화석 지대로 캄브리아기의 해저에서 조성되었다. 중국 청지앙 지역처럼 잘 보존된 동물 화석이 매우 많다.

달라진 동물들

캄브리아기 대폭발은 동물의 몸과 생활상을 완전히 바꿔, 동물들이 지금과 같이 살아갈 수 있는 출발점이 되었어요. '대폭발'의 증거는 5억 2천만 년 전 이후, 대부분 중국과 캐나다 지역에 남겨진 화석에서 찾을 수 있는데, 이 두 지역의 증거 사이에 화석화되지 않은 초기의 '유령'생물 집단이 꽤 있었던 듯해요.

어려워지는 삶

5억 4천만 년에서 5억 2천만 년 전 사이 동물의 생활상에는 근본적인 변화가 일어났어요. 움직이지 않고 해저에 머물며, 주변을 흐르던 물에서 먹이를 취하곤 했던 동물들이 적극적으로 **돌아다니며 사냥하고, 서로를 먹거나 피해 다니기 시작**했지요.

무기 확보 경쟁

다른 동물에게 먹힐 거라는 위험만 없다면 부드러운 몸으로 해저에 있어도 안전해요. 하지만 자신을 먹어 치우려고 노리는 포식자가 있다면 **보호 장비**가 필요하지요. 원생누대 후기 동물들에게서 껍데기가 생기기 시작했고, 캄브리아기 중기까지 다양한 모양의 가시, 딱딱한 비늘, 이빨, 발톱이 발달했어요. 포식자와 사냥감이 서로를 상대로 경쟁하려면 만반의 준비를 갖춰야 했으므로, 이러한 특성들은 빠르게 진화해 갔어요. 먹이가 되는 동물이 단단한 겉면을 발달시키면, 포식자는 이를 쪼개 먹을 만한 날카로운 이빨과 튼튼한 턱, 그리고 치명적인 집게발이 필요해지죠. 단단한 겉면이 없는 경우에는 땅 밑으로 몸을 묻거나 암석과 산호의 단단한 면 사이로 숨는 기술을 썼어요. 벌레 엑시미프리아풀루스는 현대의 은둔형 게인데, 위험에 처하면 기다란 튜브 모양의 조개류인 히올리스의 비어 있는 껍데기 안으로 들어갔어요.

위악시아, 최대 5cm 길이. 연체동물로 5억 2천만 년~5억 5백만 년 전에 살았다. 비늘과 척추로 포식자로부터 몸을 지켰다.

헬리코키스티스, 0.5~2cm 길이. 불가사리의 조상이다. 단단한 몸을 중심으로 형성된 나선형의 홈이 열렸다 닫히면서 먹이를 잡았다.

시드네이아, 5~12.7cm 길이. 해저를 따라 걸으며 단단한 껍질을 지닌 다른 동물들을 먹었다.

눈으로 보다

캄브리아기에는 **눈이 있는 최초의 동물들**이 등장했는데, 앞선 시기의 유기체 중에는 빛과 어둠 정도는 감지하는 종류도 있었어요. 눈이 생기자 먹을 수 있는 다른 동물들이나 자신을 잡아먹을 수 있는 동물을 알아보게 되었고, 이에 다가가거나 도망칠 수 있었죠. 현대 곤충들의 겹눈처럼 아주 작게 쪼개진 렌즈 수천 개가 있어서, 모두 함께 작동하면 자기 주변 세상을 모자이크 이미지로 볼 수 있었어요. 눈은 동물들에게 매우 유용해서 오랜 시간 동안 특별히 분리돼 진화했답니다.

오파비니아는 눈이 가장 발달했는데, 무려 5개나 있었다! 몸은 최대 7cm 길이로, 발톱이 달린 기다란 코를 이용해 해저에서 먹이를 잡아채 입에 넣었다.

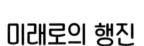

50cm 길이의 티타노코리스는 이 시기에 가장 큰 동물로 손꼽혔다.

미래로의 행진

현대 동물들의 여러 특징이 캄브리아기에 최초로 나타났어요. 현대 척추동물(등뼈를 지닌 동물)은 캄브리아기 바다에서 **척삭**(몸을 따라 달린 기다란 끈)이 있던 동물들로부터 진화했지요.
곤충과 거미, 전갈, 게, 새우를 포함하는 현대 절지동물은 단단한 부분이 연결된 외양과 분절 구조의 몸으로 발달했어요. 불가사리나 성게와 같은 극피동물은 헬리코키스티스처럼 캄브리아기 조상으로부터 발전했고, 환형동물(고리 모양으로 분절된 몸을 지닌 벌레), 해파리와 아네모네, 민달팽이와 달팽이 같은 연체동물도 모두 캄브리아기에 등장했지요.

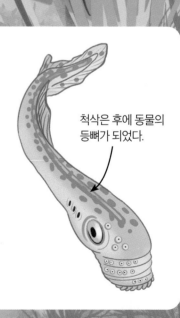

척삭은 후에 동물의 등뼈가 되었다.

chapter 2

땅으로 가다

5억 년 전까지는 지구상의 모든 생명체가 바다에 있었어요. 그러다 어느 순간 몇몇 동물이 땅 위로 올라왔지요. 그 후 1억 년 사이에 거대한 숲이 땅을 뒤덮었어요.

모든 생명이 바다에 있는 동안에는 육지가 어떻게 배치되었는지가 그다지 중요한 일이 아니었어요. 육지가 어디에 놓여 있느냐에 따라 맞닿는 얕은 바다가 좀 더 따뜻하거나 좀 더 시원했을 뿐이죠. 하지만 생명체가 땅을 점령하자, 광활한 땅덩어리와 땅 위의 기후가 더욱 중요해졌어요.

지구에는 모든 땅이 하나의 거대한 초대륙으로 모여 있던 시기와 지금처럼 여러 덩어리로 퍼진 시기가 있어요. 뜨거운 시기와 차가운 시기도 있었고요. 날씨는 땅의 위치에 따라 달랐는데, 거대한 대륙의 경우에 내륙은 보통 건조하고 해안과 산에는 비가 내렸어요. 이렇게 지형과 기후 요인에 영향받으며 생명은 해안으로부터 내륙으로 퍼져 나갔지요.

5억 년~4억 4천5백만 년 전

캄브리아기가 끝난 뒤 이어진 오르도비스기는 더웠어요. 평균 기온이 거의 50℃에 달했고 적도 근처의 바다는 43℃로 목욕물처럼 따뜻했지요. 암석을 감싸고 있던 해조류와 식물이 먼저 땅 위로 이동하기 시작했고 동물들이 뒤이었어요. 동물은 식물을 먹고, 바다의 포식자를 재빠르게 피하기 위해 위험이 없는 곳으로 이동했어요.

5억 년 전

미생물 매트가 갯벌과 해변에 자라나며 **최초의 토양**을 형성하기 시작했다. 당시 최초의 육지 식물도 나타났을 것이다. DNA로 진화를 파악하는 방법에 따르면 육지 식물은 이렇게 일찍 등장한 듯하다. 하지만 화석은 남지 않았다.

4억 8천8백만 년 전

멸종(▶30~31쪽)은 후기 캄브리아기의 많은 생명체를 완전히 앗아 버렸다. 차가워진 날씨, 바닷속 산소 부족, 그리고 화산 폭발도 원인이었을 것이다. 그 이후 **오르도비스기 생물 대방산(GOBE)** 시기에 새로운 생명체가 나타났다.

4억 8천5백만 년 ~4억 6천만 년 전

암초로 조성된 **산호**가 최초로 나타났다.

5억 년 전

4억 8천8백만 년~4억 4천3백만 년 전

오르도비스기 생물 대방산(GOBE) 시기에는 다양한 해양 생명체의 수가 네 배나 늘어났다. **식물성 플랑크톤**(광합성을 하는 아주 작은 유기체)이 바다에 만개하여 다른 유기체들에 먹이를 제공했다. 결과적으로 최초의 산호초, 쌍각류(두 조가비가 연결된 형태) 조개, (달팽이와 같은) 복족류, 이끼벌레류, 바다나리(혹은 바다 백합)가 등장했다.

4억 7천5백만 년 전

육지 식물에 대한 최초의 확실한 증거는 화석화된 **우산이끼**(단순한 식물) 포자이다.

아란다스피스. 15cm 길이로 최초의 무악류였다.

또 다른 기갑 무악류인 아스트라스피스는 4억 6천8백만 년~4억 5천만 년 전에 살았다.

4억 8천만 년~4억 7천만 년 전

아란다스피스는 초기 **무악류**(턱이 없는 물고기)이자 **최초의 진정한 척추동물**로 알려진 생명체이다. 오늘날 무악류는 칠성장어와 먹장어만 남았다. 아란다스피스는 바닷물에서 먹이를 걸렀을 것이다. 앞쪽에 무장한 듯한 뼛조각이 우툴두툴하게 덮여 있는데, 눈과 아가미 사이에 틈이 있다. 등의 뼈 줄기는 꼬리까지 이어졌다. 오르도비스기의 바다에는 기갑 무악류가 흔해졌다.

4억 7천만 년~4억 5천8백만 년 전

대부분 땅은 지구 남반구의 **곤드와나**라는 초대륙의 일부였다. 이 땅은 천천히 남극 쪽으로 움직였고 대부분이 얕은 바다 아래로 가라앉았다. 새로운 종류의 **삼엽충**과 다른 생물들이 이 바다에서 살기 위해 진화했다.

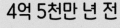

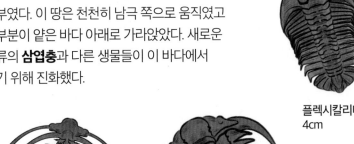

플렉시칼리메네, 4cm

아피아나루스, 6cm

가브리케라우루스, 7cm

4억 5천만 년 전

총기(엽상 지느러미) 어류와 **조기(빗살 지느러미) 어류**가 분리되어 발달하기 시작했다. 현대 어류는 대부분 조기 어류이다. 총기 어류는 살이 많고 앞(가슴) 지느러미가 '어깨'에 연결되는 부분에 근육질의 '엽'이 있다. 후에 총기 어류는 네 다리를 지닌 최초의 육지 동물이 되었을 것이다.

엽상 지느러미   빗살 지느러미

4억 4천5백만 년 전

4억 6천만 년 전

식물이 땅에 등장했다. 최초로 해안에 올라온 녹조가 **이끼**, **우산이끼**, **지의류**와 같은 단순한 식물로 진화했다. 처음에 식물은 단순히 해안 주변과 강이 흐르는 길을 따라 자라났다.

이끼는 오늘날에도 축축한 장소의 표면을 덮고 있다.

· 극피동물 ·

바다나리 혹은 바다 백합이라고도 불리는 극피동물은 오르도비스기에 좀 더 흔해졌다. 현대에는 불가사리, 거미불가사리, 성게와 같은 동물들이 있다. 겉은 딱딱하고 방사형 대칭을 이룬다(중심점을 기준으로 하나의 부분이 돌아가며 만들어진다). 바다나리는 줄기가 해저에 고정되어 있고, 팔은 먹이를 잡기 위해 물속에서 부드럽게 퍼져 나간다.

글립토크리누스라는 바다나리는 컵 모양에 최대 20개의 '팔'이 달렸다.

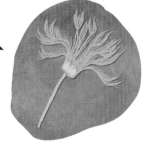

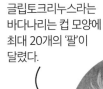
바다나리는 식물처럼 보이지만 동물이었다.

4억 4천5백만 년 전

오르도비스기 대멸종 사건으로 85%의 생물종이 백만 년의 사이를 두고 두 번에 걸쳐 죽고 말았다.

재앙!

오르도비스기 말기에 지구에 살던 대부분 생물종이 멸종했어요. 총 85%가 사라졌지요.
(지질학적 개념으로) 비교적 짧은 기간 동안 75% 이상이 없어진 사건을 '대멸종'이라고 해요.
다세포 생물이 진화한 이후로 지구에서는 모두 다섯 번의 대멸종이 벌어졌어요.

위험의 신호

대멸종에는 많은 원인이 있지만, **기후**(날씨와 기온의 양상) **변화**는
반드시 동반해요. 기후는 대륙이 움직인 정도, 생명체의 활동,
거대한 화산 폭발이나 소행성의 지구 충돌과 같은 재난
사건으로 급격히 변해 버릴 수 있어요. 하지만
기후 변화 외에 대멸종의 정확한 원인이
무엇이었는지는 알 수 없죠.

식물 탓?

오르도비스기 말기의 멸종 사건은 **화산 폭발**로 지구가 뜨거워져서 발생했을 수도 있고, 일부 과학자들의
주장처럼 한때 지구가 차가워져 얼음이 지구 전체에 퍼져 나갔기 때문이었을 수도 있어요. 원인이 무엇이든
간에, 당시 85%의 생물이 멸종했지요.
3억 7천5백만 년 전의 멸종 사건은 **식물**로 인해 일어났는지도 몰라요. 육지 식물이 전 세계로 퍼져나가면서,
식물이 공기 중의 이산화 탄소를 지나치게 제거해 기온이 떨어졌어요. 뒤이어 화산 폭발이나 유성 충돌로 두
번째 멸종이 물결처럼 잇따른 듯해요.

최악의 사건

가장 파괴력이 강했던 대멸종을 일컬어
'대살상'이라고 해요. 페름기 말기인 2억
5천2백만 년 전에 모든 종의 대략 95%가
사라졌어요. 거대한 화산 폭발로 용암이
러시아 북부의 시베리아를 뒤덮었고,
참담한 **기후 변화**를 일으켰지요.

공룡의 최후

새가 아닌 공룡들(▶80~81쪽)은 6천5백50만 년 전, **소행성이 지구에 충돌**하여 발생한 대멸종으로 죽었어요.

아직 끝나지 않았다

과학자들은 지금 **여섯 번째 대멸종**이 일어나고 있다고 믿어요. 이번 멸종의 원인은 인간이에요. 인간은 이산화 탄소를 증가시키는 많은 양의 화석 연료(가스, 석유, 석탄)를 태워 심각한 기후 변화를 일으켜 왔어요. 게다가 생명체가 살아가는 환경을 파괴하고 특정 종이 멸종할 때까지 사냥을 일삼으며 생태계의 균형을 깨뜨렸지요. 이번 대멸종이 어느 정도로 파괴적일지, 어떤 생명체가 끝까지 살아남을지 아직은 알 수 없어요.

남겨진 것

대멸종으로 모두가 죽는 건 아니에요. 재난에도 살아남는 생명체로부터 **생태계는 다시 일궈져요.** 열악한 환경에도 몇몇 틈새(특별한 생활 공간)는 유지돼, 경쟁이 거의 없는 상태로 생존자들이 번성해요. 살아남은 생명체들이 새롭게 살아갈 환경에 적합하게 진화하며 종은 다시 다양해지죠. 대멸종 후 모든 환경이 안정화되고 나면 대체로 다양화가 급속도로 일어나는 시기가 한 번 찾아와요.

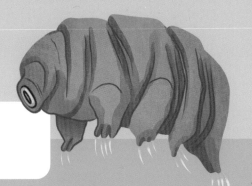

완보동물 혹은 '물곰'은 몇 밀리미터에 불과한 아주 작은 생물인데, 대멸종에도 살아남았다.

4억 4천4백만 년~4억 2천만 년 전

오르도비스기 말기에 일어난 대멸종 이후 생태계는 몇백만 년에 걸쳐 회복되었어요. 새로운 시기, 실루리아기에는 급격한 변화를 맞이했는데, 가장 중요한 사실은 동물들이 바다에서 땅으로 퍼져 나갔다는 점이에요. 물론, 바다에도 여전히 살 만한 곳이 많았지요. 이 시기가 시작될 무렵 해수면은 현재보다 100~200m 높았어요.

돌리코포누스, 2.5cm 길이. 바다와 땅 양쪽에서 시간을 보냈던 전갈일 것이다.

· 오존과 육지 생활 ·

식물이 자라면서 대기에 계속 산소를 채웠다. 산소가 충분하면 일부는 오존이라 불리는 다른 형태로 변하기 시작하는데, 이때 햇빛으로부터 오는 에너지를 사용했다. 오존은 대기 상층에 여러 겹의 막을 형성하여 햇빛 속 자외 방사선의 위험을 차단했다. 물도 이런 방사선을 차단하므로 이제껏 생명체가 바다에서 산 것이다. 반면 방사선 노출의 위험이 있던 육지에서 오존이 방사선을 차단하자, 마침내 생명체가 바다를 떠나 땅에서 안전하게 살 수 있었다.

4억 4천4백만 년 전

4억 3천7백50만 년 ~4억 3천6백50만 년 전

전갈은 **바다를 떠나** 완전히 땅에 정착한 최초의 동물이었다.

4억 4천4백만 년 전

프로미숨과 같은 코노돈트 동물이 훨씬 더 흔해졌다. 코노돈트는 **이빨이 있었던 최초의 척추동물**로 추정된다. 보통 이러한 동물들은 이빨만 화석으로 남기는데, 프로미숨의 경우 마치 애벌레나 장어처럼 생긴 몸 역시 화석으로 남아 있다. 몸은 현대의 상어가 그렇듯 항상 움직였다. 대략 5억 년에서 2억 년 전에 살았다.

4억 3천3백만 년 전

최초로 나타난 **관다발 식물** 종류는 쿡소니아이다. 관다발 식물은 물을 이동시킬 수 있는 수로 혹은 관이 있는 특별한 조직으로 둘러싸여 있다. 쿡소니아의 뿌리는 땅속보다는 바위 위에 퍼지며 수원지 근처에서 자란다. 몇 센티미터 되지 않는 짧은 줄기에 이파리는 없다. 줄기 끝에는 홀씨주머니가 있는데, 이는 번식을 위한 포자를 생산하는 주머니이다.

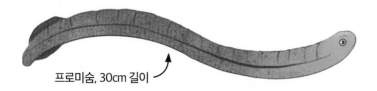

프로미숨, 30cm 길이

쿡소니아는 양치식물처럼 포자로 무성 생식한다.

4억 3천8백만 년~4억 3천3백만 년 전

현대 상어와 가오리의 조상은 때로 '**가시 상어**'라 불린다. 상어를 닮은 모양으로, 단단한 뼈 대신 연골 뼈대로 이루어져 있으며 각 지느러미 아래 척추가 있다.

4억 3천2백만 년 ~4억 1천8백만 년 전

유립테루스는 육지로 올라온 **거대 바다 전갈**이다. 노를 저어 헤엄치는 데 적응하면서 뒷다리 한 쌍이 크게 자랐다. 가장 앞다리는 해저에서 기어다닐 때 사용한 듯하다. 가시에 둘러싸여 있는데, 집게발로 먹이를 쪼갤 때 이 가시로 먹이를 붙잡아 두었을 것이다. 대부분 시간을 바다에서 보냈지만, 물가에 산란(알을 낳음)하기 위해 땅으로 기어오를 수 있었다.

유립테루스는 1.3m까지 자라났다.

· 노래기 ·

특별히 땅에서 살아가도록 진화한 최초의 동물은 노래기와 같은 절지동물이었다. 오늘날의 노래기는 처음 모습과는 약간 다르며, 현재 1만 2천 종이 살고 있다. 초기의 노래기는 작았지만 일부는 나중에 2m까지 자라났다. 오늘날 가장 큰 개체의 길이는 38cm이다.

4억 2천8백만 년 전

최초로 알려진 육지 동물에 속하는 코위데스무스는 **노래기**의 한 종류로 4cm이며, 현재의 스코틀랜드 지역에서 살았다.

4억 2천만 년 전

프로토택사이트

4억 3천만 년~3억 5천만 년 전

실루리아기의 풍경 속에 프로토택사이트라 불리는 **거대 곰팡이 기둥**이 높이 솟아 있는데, 모든 시대를 통틀어 가장 신기한 생명체라고 할 만하다. 육지에 거대한 식물이 살기 훨씬 전에, 가지가 없는 이 기둥들은 8m까지 자라났다. 일부 과학자들은 이것이 우산이끼와 같은 단순한 식물들이 돌돌 말린 매트일 수 있다고 한다. 여전히 수수께끼로 남아 있다.

땅으로 기울어진 줄기에서 뿌리가 자라난다.

4억 2천2백만 년 ~3억 9천3백만 년 전

최초의 거대 육지 식물인 바라과나티아는 여러 갈래로 갈라진 줄기가 1m까지 자라며, 작은 바늘 같은 이파리가 있다. 진흙땅 위에 제멋대로 길게 나부끼는 줄기로부터 가지가 위로 뻗어 있다. 처음에는 바닷물이 들어왔다 빠지는, 조수 간만의 차가 있어 공기에 노출되는 지역에서 자랐다. 후기에는 모두 육지에서 살았다.

4억 1천9백만 년~3억 9천만 년 전

4억 1천9백만 년에서 3억 5천9백만 년 전의 데본기는 '물고기의 시대'로 알려져 있어요. 해수면이 높고 열대 바다의 기온은 약 30℃로 따뜻한 시기였는데, 물고기의 종류가 많지는 않았어요. 지구가 생긴 후 40억 년 이상이 지난 이 시기에는 생명이 땅에 완전히 정착했어요.

4억 1천6백만 년~3억 9천8백만 년 전

기갑 물고기가 바다를 점령했다. 기갑 물고기는 단단한 뼈 판으로 몸을 감싸 포식자로부터 자신을 보호하지만, 뼈 판으로 인해 유연하지는 못했다. 프테라피스는 뼈 판을 앞으로 두고 작은 뼈 비늘을 뒤에 두어 이 문제를 해결했다. 뼈의 돌출부 덕에 유선형을 유지하며 지느러미가 없어도 물속에서 안정적으로 움직였다.

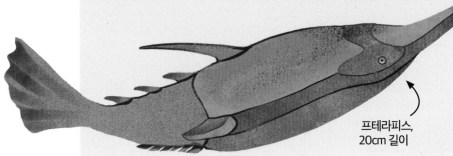

프테라피스, 20cm 길이

4억 1천9백만 년 ~4억 1천6백만 년 전

최초로 알려진 **조기 어류**가 나타났으며, 안드레올레피스라 불렸다.

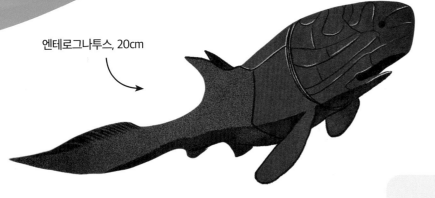

엔테로그나투스, 20cm

4억 1천4백만 년 전

노래기 종류인 프네우모데스무스는 최초로 **기공(숨구멍)**이 있다고 알려진 절지동물에 속한다. 몸 옆에 작은 구멍이 있었는데, 육지에서 숨을 쉴 때만 유용했다.

4억 1천9백만 년 전

현대의 턱 모양을 한 최초의 물고기는 기갑 물고기인 엔테로그나투스이다. 경첩으로 연결된 두 턱으로 먹이를 물기 위해 입을 열었다 닫았다 할 수 있었다. 이전에는 아무도 이런 방식으로 물지 못했다. 앞선 시기의 기갑 물고기는 부리 같은 단순한 턱을 지녔다. 육지로 이동한 최초의 척추동물이 엔테로그나투스와 같은 턱 구조였을 것이다.

리니엘라, 1.5mm

4억 1천2백만 년~3억 9천1백만 년 전

최초의 곤충은 현대의 톡토기와 조금 비슷한 리니엘라 같은 동물이었다. 아주 작은 이 생명체는 육지에서 각종 이끼류, 초기 식물 사이를 기어다녔을 것이다.

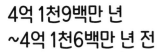

4억 1천만 년 전

팔라에오카리누스는 초기 거미와 같은 종류였으며 육지에 살았다. 거미처럼 생겼지만, 거미줄을 만들지는 못했다.

팔라에오카리누스, 0.5cm

4억 년 전

노틸러스는 오징어와 같은 동물인 **두족류**로서, 방어가 가능할 정도로 단단한 껍데기를 지녔다. 노틸러스의 껍데기는 오르도비스기에는 기다랗고 똑바른 고깔 모양이었지만, 데본기 초기에 껍데기가 휘어지더니 이후 둥글게 말렸다. 이를 암모노이드라고 불렀다. 나중에는 특징적인 나선형 껍데기를 지닌 암모나이트로 진화했고, 2억 년 이후 쥐라기 바다를 헤엄쳐 다녔다.

암모나이트

노틸러스

3억 9천만 년 전

4억 7백만 년 전

최초로 알려진 **민물 아메바**는 스코틀랜드의 작은 연못에서 살았다.

유포로스테우스는 두개골만 남았다.

3억 9천2백만 년~3억 7천5백만 년 전

총기 어류인 유스테놉테론에 **강한 가슴지느러미**가 자라났다. 비록 물에 머물렀을 테지만, 이 튼튼하고 버팀목처럼 생긴 지느러미는 나중에 이 생명체가 육지에서 걷기까지 나아가는 데 필수 단계였다.

4억 1천1백만 년~4억 7백만 년 전

유포로스테우스는 총기 어류인 **실러캔스**의 가장 오랜 종류이다. 실러캔스는 6천5백50만 년 전 멸종된 것으로 여겨졌지만, 일부는 1938년에도 여전히 살아남아 발견되었다.

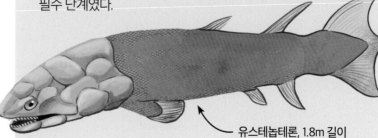

유스테놉테론, 1.8m 길이

암석에서 숲으로

지구의 땅이 척박한 돌밭에서 생명체로 가득한 숲이 되기까지 1억 년도 채 걸리지 않았어요. 이때 매우 따분해 보이는 어떤 일도 함께 일어났는데, 그건 바로 토양의 생성이었지요. 커다란 식물과 나무가 땅에서 살아남으려면 토양에 닻을 내린 뿌리가 필요해요. 식물은 토양을 만들기도 하고 필요로 하기도 하죠. 즉, 이 둘은 함께 성장하는 관계예요.

비옥한 토양

우리는 **토양**에 그리 큰 관심을 기울이지 않지만 땅에서 살아가는 데 있어 토양은 필수죠. 아주 약간의 바위 조각과 수많은 유기물(생명에 기반한 물질)이라는 재료로 만들어진 토양은 식물에 영양분과 물을 공급하며, 뿌리가 단단히 자리를 잡을 수 있도록 도와줘요. 유기물은 세균, 곰팡이와 여타 미생물이 썩은 식물이나 동물과 섞인 거예요. 토양에는 수많은 틈이 있는데, 이 틈에 식물에 필요한 수분을 저장할 수 있어요.

초기의 토양

땅에서 자란 최초의 생명체는 **조류, 이끼**와 여러 가지 **미생물**이에요. 이들이 죽으면 아주 작은 사체가 초기 토양에 더해지지요. 바람과 물에 의한 풍화 작용, 그리고 생명체가 토양의 표면에 자라는 과정을 거치며 바위 조각이 아주 미세하게 닳아서 토양으로 모여요. 주변에 살던 식물과 미생물이 화학적인 풍화 작용을 일으키는 건데, 산성 물질 등의 화학 성분을 생성해 돌을 쪼개는 작용이지요.

토양이 없을 때 최초의 식물은 땅 위에 퍼져 나갔다(실루리아기 중기). 최초의 유기 토양이 모이자, 식물은 뿌리를 더 깊이 뻗을 수 있었고(데본기 초기), 마침내 나무들도 단단히 자리를 잡았다(데본기 말기).

4억 2천5백만 년 전

4억 1천만 년 전

3억 7천만 년 전

최초의 식물과 숲

최초로 자라난 식물들은 뿌리나 이파리 없이, 땅과 가까운 낮은 키였어요. 살아가는 데 그렇게 많은 토양이 필요하지 않았지요. 아주 초기 식물인 **이끼**는 아무것도 없는 돌 위에서도 살 수 있었는데, 돌의 풍화에 일조했어요. 식물은 물을 떠나 육지에서 살아가는 미생물과 작은 절지동물에게 몸을 숨길 곳과 먹이를 제공했어요. 최초의 식물과 동물이 부패해 모인 토양, 뒤이어 크게 자란 식물은 더 큰 동물들이 살아남을 수 있도록 도왔지요. 3억 9천만 년 전, 데본기 중반에는 더 큰 식물 이파리와 뿌리가 땅을 뒤덮었어요. 최초의 **나무**를 포함해 **양치식물, 쇠뜨기,** (양치식물 같은) **석송류**로 이루어진 관목 정도 규모의 식물 숲이 생겼어요.

석송류 일부는 나무 크기만큼 자라지만 최근의 나무와 비교하면 모양이 특이하다.

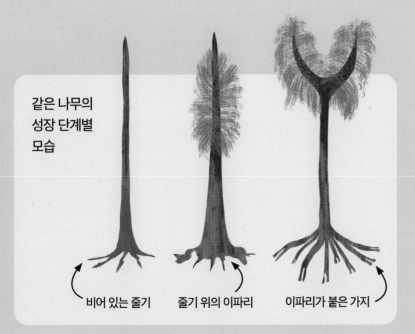

같은 나무의 성장 단계별 모습

비어 있는 줄기   줄기 위의 이파리   이파리가 붙은 가지

나무처럼 큰 키

양치식물과 비슷한 일부 나무가 오늘날처럼 크게 자랐어요. 에오스페르마토프테리스는 나무와 유사한 최초의 식물이에요. 키가 8m, 폭은 1m까지 자랐죠. 아래쪽은 두꺼우면서 둥글납작하고, 기다란 줄기 꼭대기에만 가지가 달렸는데, 이파리 없는 가지가 지붕 모양으로 비교적 작고 얇게 우거져 있었어요. 무게 중심이 낮아서 쉽게 날아가지 않았는데, 뿌리가 깊게 자라지 않던 시기였으므로 이 특성은 생존에 매우 중요했어요.

3억 8천9백만 년~3억 6천만 년 전

토양이 점차 넓어지면서 땅 위에 숲이 우거지기 시작했고, 오늘날의 생김새와 같은 나무들이 등장했어요. 이 시기에 총기 어류는 물에서 나와 육지 생활에 적응했어요.

3억 8천5백만 년 전

최초라고 알려진 나무는 데본기의 숲에서 자랐다. 와티에자는 약 8m 높이로 자랐고, 거대한 아르카이오프테리스는 30m에 달했다. 앞 시기의 식물에 비해 진화된 나무 세포 조직을 갖추었으므로 더 크고 단단하게 자라날 수 있었다. 뿌리는 더 깊고 넓게 뻗어 나가 나무를 지탱해 주었다.

아르카이오프테리스는 오늘날의 나무처럼 껍질이 고리처럼 둘러싸는 방식으로 자랐고 납작한 이파리들이 가지에 직접 붙어 있었다.

3억 8천만 년 전

판피류인 마테르피스키스는 알 대신 **새끼를 낳았다**고 알려진 최초의 척추동물이다.

마테르피스키스, 28cm 길이

3억 8천9백만 년 전

3억 8천2백만 년~2억 9천9백만 년 전

스테타칸투스는 최대 90cm 길이의 **작은 상어**이다. 수컷의 등에는 다리미판 모양의 기이한 '걸쇠'가 달려 있다. 거친 표면은 짝짓기할 때 암컷을 잡아 두는 용도였을 것이다.

스테타칸투스

2.5m 길이의 사지형 어류 틱타알릭은 네 발 육지 동물의 조상이다.

3억 8천만 년 ~3억 6천만 년 전

판피류인 타이타닉티스는 당시 가장 큰 척추동물에 속했다. 이빨 대신 무딘 판들이 입속에 있으며 아마도 작은 물고기나 크릴새우 정도를 먹었을 것이다. **최초의 여과 섭식 물고기**로 꼽힌다.

타이타닉티스는 6m 길이까지 자랐다.

3억 7천5백만 년 전

틱타알릭은 발 달린 어류인 **'사지형 어류'**로 알려져 있다. 엽상 지느러미가 다른 물고기와는 달리 관절이 있는 뼈로 발달했는데, 나중에 손목과 팔꿈치가 되었다. 틱타알릭은 해안에서 지느러미로 몸을 끌며 다녔다. 육지에서 살아가는 네 발 동물로 발달하기 위한 첫 단계였다.

3억 7천1백만 년~3억 6천만 년 전

상어 클라도셀라케는 **이빨 은행**이 있어 오래된 이빨이 빠지면 새로운 이가 대체하는 최초의 척추동물이다. 현대의 상어와 같다.

클라도셀라케. 2m 길이 유선형의 매끄러운 몸으로 아주 빠르게 헤엄친다.

둔클레오스테우스는 8~9m로 자라날 만큼 거대했다.

3억 7천만 년 ~3억 6천만 년 전

공룡 이전, 세계에서 가장 큰 동물은 **거대 판피류** 둔클레오스테우스와 타이타닉티스였다. 타이타닉티스가 많은 물고기를 먹었던 반면, 둔클레오스테우스는 최강 포식자로, 아마도 다른 판피류와 다른 둔클레오스테우스까지 먹어 치웠을 것이다. 이빨 대신 기다란 뼈 판이 턱 앞부분에 달려 있었다.

3억 6천만 년 전

3억 7천만 년 전

바닷속 산소의 양이 적어지자, 후기 데본기에는 **어마어마한 멸종**이 파도처럼 밀려왔다. 강이 토양을 바다로 쓸어내렸고 조류 대증식이 일어났다. 조류가 죽어 분해되는 동안 물속 산소를 모두 사용하며 삼엽충, 코노돈트, 암초를 이루는 생명체까지 모두 희생되었다.

3억 6천5백만 년 전

틱타알릭과 같은 사지형 어류에서부터, 동물들은 적당한 발 네 개로 대부분의 삶을 육지에서 호흡하면서 보내도록 진화했다. 이들이 이크티오스테가와 같은 **최초의 양서류**였다. 알은 물에 돌아와서 낳았고, 새끼들은 아마도 물속에서 살았을 것이다.

이크티오스테가. 1.5m 길이로 땅에서 걷거나 물에서 헤엄칠 수 있었다.

3억 5천9백만 년 전

또 다른 멸종의 파도가 몰려와 **데본기는 막을 내렸다.** 엄청난 양의 방사선이 얇아지거나 파괴된 오존층을 통과해 지구를 강타했다. 바다에서 판피류가 사라졌고 땅에서는 아르카이오프테리스 숲이 사라지면서 석탄기 새로운 형태의 숲에 자리를 내주었다.

3억 5천9백만 년~3억 1천5백만 년 전

3억 5천9백만 년 전 대량 멸종 이후에 나무가 다시 돌아와 땅을 장악했어요. 지구에는 갑자기 덥고 습한 숲이 생겼죠. 넓은 땅에 급작스럽게 나타난 어마어마한 식물들이 지구 역사상 그 어느 때보다 더 많은 산소를 대기로 방출했어요.

메두로사

봉인목

3억 5천9백만 년~3억 년 전

봉인목과 같은 거대한 **석송 나무**가 숲을 지배했다. 비늘이 있는 벌집 모양의 기다란 몸통에, 풀 같은 이파리가 자랐던 곳에는 흉터가 남았다. 낮은 데 있던 잎사귀들은 떨어져서 오직 위쪽에만 나뭇잎이 달려 있었다. 인목은 **비늘 나무**라 알려진 나무의 한 종류로, 키가 50m까지 자라고 밑동의 지름은 2m까지 자란다. 현재의 나무와 비교해 나무 세포 조직이 조금밖에 없는 대신 강한 껍질로 바람을 견뎠다. 또 다른 일반적인 유형의 나무로 양치류 종자식물인 메두로사가 있었다. 엄청난 크기로 자랐는데, 양치식물 같은 나뭇잎들이 더 작은 잎으로 나뉘었다. 메두로사는 달걀만큼 커다랗고 무거운 씨앗과 비정상적으로 큰 꽃가루를 보관할 만한 커다란 꽃가루 기관이 발달했다. 알 수 없는 동물들이 수분을 도왔을 것이다.

3억 5천9백만 년 전

3억 5천만 년~3억 4천만 년 전

날개가 진화한 최초의 곤충이 석탄기의 늪 위를 날기 시작했다.

· 산소의 역할 ·

산소는 곤충의 진화를 돕고 산불을 일으켰다. 불을 태우려면 산소가 필요한데, 산소가 더 많아지자 불이 쉽게 붙고 번졌다. 산소 농도가 높고 나무가 많아지면서 산불이 더 자주 일어났다. 산소가 많다는 것은 곤충들 역시 오늘날보다 더 크게 자라났다는 의미이기도 하다. 곤충은 활발하게 호흡하지는 않았지만, 몸 양쪽에 달린 '숨구멍'이라 불리는 구멍으로 공기가 자연스럽게 흐르면서 공기로부터 산소를 흡수했다.

3억 4천5백만 년~2억 년 전

육지의 모든 **절지동물 중 가장 큰 것**은 아트로플레우라라는 노래기로, 2.5m 길이까지 자랐다. 아마 현대 노래기들이 보통 그러하듯 식물을 먹었을 것이다.

아트로플레우라의 발자국이 스코틀랜드에서 화석화되었다.

풀모노스코로피우스,
70cm

3억 3천6백만 년~3억 2천6백만 년 전

거대 전갈인 풀모노스코로피우스는 작은 양서류,
초기 파충류, 자신보다 더 작은 절지동물을 먹고
살았을 것이다.

3억 3천1백만 년~3억 2천3백만 년 전

포식자인 프로테로기리누스는 길고 휘어진 갈비뼈가 있고, 근육을 통해 공기를
펌프질해 폐로 집어넣었다 뺐다 하며 **땅에서 호흡**한 최초의 양서류였다.
꿈틀거리며 걸었다고 하여 '초기 꿈틀이'라는 이름이 붙었다. 강이나 못에서 잡은
물고기를 먹었다.

프로테로기리누스,
2.5m

3억 3천만 년 전

최초의 초기 양서류인 발라네르페톤이 등장했다.
땅에서의 생활에 완전히 적응한 사지동물(발이 넷
달린 동물) 중에서 새끼를 낳기 위해 물로 돌아간
유일한 생명체였다.

3억 1천5백만 년 전

3억 3천만 년~3억 년 전

역대 가장 큰 민물고기인 리조두스는 강이나 늪에서
양서류를 먹으며 살았다. 송곳니 같은 이빨은 22cm까지
자랐고, 작은 상어도 먹을 수 있었던 최상위 포식자였다.

리조두스, 6m 길이

3억 1천6백만 년
~3억 9백만 년 전

화석화된 나무 기둥 안쪽에서 **초기
양서류** 덴드레페톤의 화석이 여럿
발견되었다. 산불이 일어났을 때 그
안에 숨거나 갇혀 있었던 듯하다.

덴드레페톤, 35cm 길이

나무에서 석탄으로

석탄기 늪지대의 나무는, 죽은 지 3억 년이 지나 우리가 현재 사용하는 석탄이 되었어요. 우리가 나무를 태우면 그 안에 들어 있던 석탄이 이산화 탄소를 방출하는 셈이에요.

나무의 화석화

전 세계에 나무가 자라기 시작할 무렵의 **나무**는 지금과 전혀 달랐어요. 3억 6천만 년 전 나무는 처음에 **껍질**로 발달하기 시작했는데, 이때는 오늘날 나무를 분해하는 세균과 곰팡이 같은 미생물들이 진화하기 전이었지요. 늪은 산소의 양이 적은 환경이어서 양치식물과 같은 부드러운 식물조차 쉽게 분해하지 못했어요.

석송 나무, 나무고사리, 거대한 쇠뜨기, 침엽수 사이에서 양치식물이 후기 석탄기 땅을 뒤덮었는데, 줄기와 덩굴이 사이사이로 요리조리 뻗어 나갔다.

석탄의 생성

늪지대의 식물이 살다 죽어 땅과 물속으로 사라지고 새로운 식물이 대체했어요. 분해되지 않은 초목들은 긴 시간 동안 쌓이고 깊이 묻히며 짓눌렸지요. 압력과 기온이 상승하면서 죽은 식물에 화학적 변화가 일어나면 결국 석탄이 돼요. 많은 양의 산소, 수분, 질소가 증발하고 **탄소**만 남는데, 이는 석탄을 이루는 주요 물질이에요. 탄소가 많이 포함될수록 질 좋은 석탄이지요.

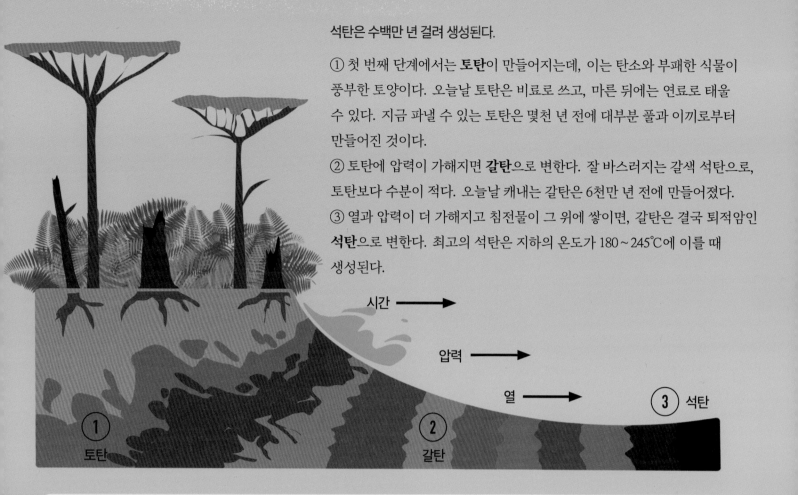

석탄은 수백만 년 걸려 생성된다.

① 첫 번째 단계에서는 **토탄**이 만들어지는데, 이는 탄소와 부패한 식물이 풍부한 토양이다. 오늘날 토탄은 비료로 쓰고, 마른 뒤에는 연료로 태울 수 있다. 지금 파낼 수 있는 토탄은 몇천 년 전에 대부분 풀과 이끼로부터 만들어진 것이다.

② 토탄에 압력이 가해지면 **갈탄**으로 변한다. 잘 바스러지는 갈색 석탄으로, 토탄보다 수분이 적다. 오늘날 캐내는 갈탄은 6천만 년 전에 만들어졌다.

③ 열과 압력이 더 가해지고 침전물이 그 위에 쌓이면, 갈탄은 결국 퇴적암인 **석탄**으로 변한다. 최고의 석탄은 지하의 온도가 180~245℃에 이를 때 생성된다.

시간 ⟶
압력 ⟶
열 ⟶
③ 석탄
① 토탄
② 갈탄

캐내다

현재 우리가 사용하는 대략 90%의 석탄은 **석탄기**(3억 5천9백만~2억 9천9백만 년 전)와 바로 이어진 **페름기**에 쌓인 거예요. 물론 일부는 최근에 쌓였지만요. 석탄기 석탄은 대부분 얼음이 널리 퍼져 있던 빙하기 때 만들어졌어요. 빙하기였다 해도 압력과 지구 내부의 뜨거운 마그마로 땅 밑은 온도가 높았지요.

석탄 연소 화력 발전소

탄소를 되돌려 놓다

우리가 석탄을 태워 공기를 데우거나 전기를 만들 때, 석탄 속 탄소는 대기 중 산소와 결합해 **이산화 탄소**를 생성해요. 탄소는 기본적으로 대기에서 3억 년~3억 5천만 년 전 살았던 식물에 흡수되었고, 그 식물이 죽으면서 안에 갇혀 석탄이 되었지요. 우리가 석탄을 태우면 다시 대기 중으로 탄소가 방출되는 건데, 이는 오늘날 무서운 속도로 지구를 뜨겁게 달구고 있어요.

3억 1천4백만 년~3억 년 전

거대한 숲은 공기로부터 이산화 탄소를 흡수해 기온을 떨어뜨리고 빙상을 형성해요. 이 시기에 커다란 대륙 두 개가 충돌하면서 초대륙 판게아를 형성하며 우랄산맥과 애팔래치아산맥이 생겼어요.

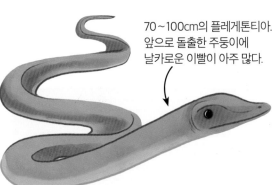

70~100cm의 플레게톤티아. 앞으로 돌출한 주둥이에 날카로운 이빨이 아주 많다.

3억 1천3백만 년~3억 7백만 년 전

'가위 이빨 상어'라고도 불리는 에데스투스는 큰 가위를 닮은 턱을 지녔다. 현대 상어는 닳은 이빨이 떨어져 나가고 새로운 이빨이 앞으로 이동하며 자리를 대체하는데, 에데스투스는 입 안쪽에 있는 새로운 잇몸에서 새로운 이가 자라났다. 나이가 들면서 오래된 잇몸과 이빨을 앞으로 밀어내고, 입은 점차 커진다.

에데스투스, 5m 길이로 추정

3억 1천만 년 전

에오기리누스는 마치 올챙이와 악어가 이종 교배된 듯한 모습이다. 4.5m까지 자라며 물고기를 먹고 살았다. 다리가 아주 작아 식물과 그 뿌리로 빽빽한 늪을 누비기에 적합했다. 얼마 지나지 않아 플레게톤티아는 짧아진 다리로 더 멀리 나아갔다. 아주 기다랗고 유연한 몸의 뱀과 닮은 이 생명체는 **바로 다리를 잃어버린 양서류였다.**

3억 1천4백만 년 전

3억 1천2백만 년 전

최초의 파충류가 나타났다. 파충류는 육지에서 알을 낳고 평생을 산다는 점에서 양서류와 달랐다. 최초의 파충류는 작았지만, 나중에는 육지에서 걷는 동물을 통틀어 가장 크게 자란 것이 공룡이다.

팔레오티리스, 겨우 20cm 길이

힐로노무스, 20~25cm 길이

3억 9백만 년 전

에섹셀라는 **해파리**로, 화석화된 해파리 중에서는 가장 오래되었지만 그 이전에도 해파리는 분명 존재했다. 너무 부드럽고 물기가 많은 몸이 화석화되기 매우 어려웠을 뿐이다.

· 양서류와 파충류 ·

양서류가 애벌레처럼 성충과는 다른 모양의 유충으로 알에서 부화하는 반면, 파충류는 성충의 작은 형태로 알에서 깨어난다. 양서류인 개구리는 올챙이로 부화해 천천히 개구리의 형태로 변해 간다. 초기 양서류도 이와 비슷했다.

3억 7백만 년 ~2억 9천9백만 년 전

네 발로 기며 처음 식물을 먹은 (초식) 동물은 **파충류**였다. 절지동물은 부패했거나 살아 있는 식물을 오랫동안 먹었고, 양서류는 물고기와 작은 절지동물을 먹었다.

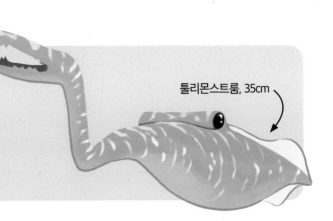

3억 9백만 년~3억 7백만 년 전

툴리몬스트룸, 혹은 '툴리 몬스터'는 특이하게 생긴 부드러운 몸으로, 강이 열대 바다와 만나는 지점의 진흙 하구에 살았던 동물이다. 아가미와 척삭(등을 따라 자리한 단단한 줄)이 있었다. 기다란 턱에 사나운 이빨, 자루에 붙은 커다란 눈으로 볼 때 분명히 포식자였다.

툴리몬스트룸, 35cm

3억 5백만 년 전

멸종과 함께 **대 열대 우림이 붕괴**했다. 숲은 일부 남았지만, 레피도덴드론과 같은 비늘 나무 대신 양치류 종자식물과 나무고사리가 대다수를 차지했다.

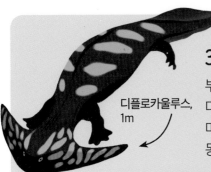

디플로카울루스, 1m

3억 6백만 년~2억 5천5백만 년 전

부메랑처럼 특이한 모양의 머리를 가진 **양서류**, 디플로카울루스는 늪과 강에서 살았다. 머리 모양으로 미루어 물에서 헤엄칠 수 있었으리라 생각되며, 덩치가 더 큰 동물이라도 디플로카울루스를 삼키기는 어려웠을 것이다.

3억 년 전

메가네우라의 날개 길이는 75cm 이상이다.

스피노에쿠알리스, 25cm 길이

3억 6백만 년~2억 8천만 년 전

오피아코돈은 초기 **단궁류 파충류**였으며, 나중에 진화한 포유류 중 하나의 무리이다. 물을 마시러 물가로 다가온 동물들을 사냥하며 일정 시간을 물에서 보낸 듯하다.

오피아코돈은 3m 길이로 자라고 이빨이 150개 이상 있었다.

3억 5백만 년 ~2억 9천9백만 년 전

메가네우라는 **하늘을 나는 거대한 크기의 곤충**으로, 갈매기 크기의 잠자리라고 볼 수 있다. 지금까지 살았던 하늘을 나는 곤충 중 가장 큰 종에 속한다. 다른 곤충과 작은 양서류를 먹었을 것이다.

3억 년 전

스피노에쿠알리스는 비록 땅에서 알을 낳기 하지만, **물로 되돌아온 최초의 파충류**이다. 꼬리는 옆으로 넓기보다 길었고, 몸이 옆으로 납작해서 수영하는 데 도움이 되었다.

chapter 3

파충류의 진화

양서류와 절지동물은 강줄기와 해안을 따라 육지에 퍼져 나갔지만,
파충류는 내륙 안쪽으로 더 올라왔어요. 알을 낳기 위해 물가에 머물
필요가 없어지면서 다양한 환경에서 살기 시작했지요. 그러면서
수백만 년 동안 서로 다른 크기, 모양, 생활 습관, 서식지를 갖게
되었어요. 몇몇은 결국 물로 돌아가기도 했고, 몇몇은 하늘로 올라가
날개를 진화시켜 날기 시작했답니다. 저마다 다른 방식으로 변화해
가면서 파충류는 최종적으로 새와 포유류라는 두 무리의 육지 동물로
진화했어요.

대략 5천만~7천만 년 동안, 페름기와 초기 트라이아스기 내내
파충류가 육지를 지배했어요. 잠자리와 같은 일부 절지동물만 하늘을
날 수 있었고, 물고기와 양서류에게는 물이 고향이었죠. 이 시기에
육지는 서로 모여 판게아라고 부르는 초대륙이 되었어요. 땅이 연결된
이후 동물들은 땅 위를 마음껏 걸어 다녔고, 그래서 지금은 널리 흩어져
있는 땅 곳곳에서 비슷한 화석이 발굴되었답니다.

다양한 알

유성 생식(부모에서 자손을 생산)을 하는 동물들은 알이나 새끼를 낳아요. 출발은 알을 낳는 방법이었고, 물고기, 곤충, 양서류, 파충류, 조류, '단공류'라 불리는 포유류 일부 무리가 이 방법을 사용했지요. 살아 있는 새끼를 낳는 방법은 여러 차례 진화해 왔어요. 이제 몇몇 조류와 파충류, 대부분 포유류가 새끼를 낳지요. 새끼를 낳는 동물들이라고 해도 알을 갖고 있기는 해요. 알이 어미의 몸속에서 살아 있는 새끼로 자라나는 거예요.

촉촉한 알

어류와 양서류는 **물에 알을 낳아요**. 그러면 알이 절대 마르지 않으므로, 굳이 물이 통과하지 못할 만한 두껍고 단단한 껍질이 필요하지 않아요. 이런 알은 얇은 바깥 껍질이나 '막'이 있는 젤리 같지요. 양서류는 늘 알을 낳기 위해 물로 돌아왔고, 지금도 마찬가지예요. 반면 물이 적거나 아예 없는 지역에 사는 동물들에게는 땅에서 살아남을 새로운 형태의 알이 필요했어요. 새로운 알은 파충류에게서 먼저 나왔고, 따라서 파충류는 물 근처에서 머물지 않아도 되었지요.

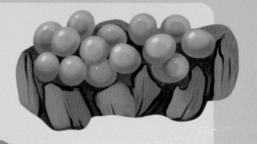

물고기 알(위)이나 개구리 알(왼쪽)과 같은 양서류의 알은 부드럽고 질퍽질퍽하다.

알과 알껍데기

새로운 종류의 알은 **'양막이 있는'** 알로, 이런 알을 낳는 동물을 '양막 동물'이라고 해요. 양서류와 어류의 알은 부드럽고 질퍽질퍽하지만, 새와 파충류가 낳는 양막이 있는 알은 가죽 같은 단단한 겉면, 즉 **껍질**이 있죠. 그 안에 양막(피부처럼 얇은 막들의 층)이 알의 모든 기능하는 부분을 감싸고 있어요. 나중에 아기가 될 부분인 자라나는 **배아**와 배아의 영양분이 될 난황 역시 양막에 둘러싸여 있지요. 오늘날, 파충류는 단단한 껍데기나 거친 가죽 같은 껍질로 된 알을 낳고, 또 몇몇은 새끼를 낳아요. 조류의 알은 모두 껍질이 단단해요.

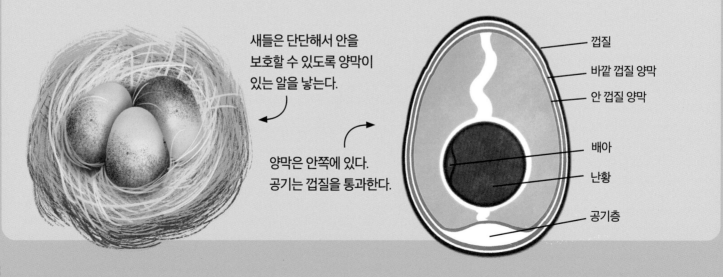

새들은 단단해서 안을 보호할 수 있도록 양막이 있는 알을 낳는다.

양막은 안쪽에 있다. 공기는 껍질을 통과한다.

껍질
바깥 껍질 양막
안 껍질 양막
배아
난황
공기층

인간과 양막류

인간과 다른 포유류는 알을 낳지는 않지만 역시 양막류예요. 포유류는 수정란을 **어미의 몸속에서** 지키도록 진화했지요. 이 알들은 구조가 조금 변하긴 했지만, 똑같이 양막을 갖고 있어요. 알은 어미의 자궁 안에 착상하고 이때 배아에 영양분을 제공하고 분비물을 제거하는 새로운 기관인 태반이 자라나요. 태반은 포식자, 환경의 변화 및 다른 위험으로부터 어미의 몸 안에서 자라나는 배아를 지키죠. 포유류 중에서는 소수만이 알을 낳고, **'유대목'**이라 불리는 몇몇은 작고 발달이 덜 된 새끼를 낳아 어미의 몸에 달린 주머니에서 키우기도 해요.

스테로포돈, 오늘날의 오리너구리와 비슷하며 단공류(알을 낳는 포유류) 동물이다.

특이한 새끼

양서류는 보통 부드럽고 질퍽한 알을 낳고, 거기서 성체와 다르게 생긴 미숙한 **'유충'** 형태의 새끼가 나와요. 예를 들어, 개구리의 새끼인 올챙이는 다리가 없고 꼬리가 길죠. 유충은 항상 물에서 살고 공기로 숨을 쉴 수 없어요. 자라나면서 **'변태'**라고 불리는 변화의 시간을 보내는데, 이때 성체의 모양이 돼요. 올챙이는 변태 과정에서 뒷다리가 먼저 나오고 그다음 앞다리, 마지막으로 꼬리가 줄어들며 사라져요. 물에서 숨 쉴 때 사용하던 아가미가 폐에 자리를 내주는 건 눈에 잘 띄지 않는 변화이지요. 파충류와 새의 새끼는 작은 차이만 있을 뿐 성체와 닮은 모습으로 알을 깨고 나와요. 조류는 무력한 상태로 알을 깨고 나오며 즉시 공기로 호흡할 수 있어요. 다만 아직 깃털은 없어요. 새끼들은 종종 성체와 다른 비율로, 보통 머리와 눈이 더 크지요. 하지만 날개는 제자리에 있으며 (아마도 깃털이나 털을 제외하면) 아무것도 더해지거나 제거되지 않고 그대로 자라요.

새끼 악어는 이미 어른 악어가 축소된 모습으로 알에서 나온다.

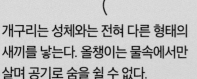

개구리는 성체와는 전혀 다른 형태의 새끼를 낳는다. 올챙이는 물속에서만 살며 공기로 숨을 쉴 수 없다.

2억 9천9백만 년~2억 7천6백만 년 전

거대하고 광활한 땅덩어리인 판게아가 형성되면서, 바다로부터 가장 먼 내륙은 아주 건조해졌어요. 해안에는 비가 내렸지만 내륙까지는 전달되지 않았죠. 석탄기의 대 열대 우림이 사라진 후 다른 모습의 풍경과 기후에 자리를 내주었는데, 마침 파충류가 좋아하는 환경이었어요. 파충류의 알은 그래서 살아남았지요.

2억 9천9백만 년~2억 5천3백만 년 전

아르케고사우루스에게는 다리가 있었지만 여러 가지로 **양서류보다는 어류에 가까웠다.** 항상 물에서 지냈고 어류처럼 숨을 쉴 수 있는 아가미를 지녔다. 약 1.5m 길이로, 악어의 모습과 비슷했다.

2억 9천9백만 년~2억 7천8백만 년 전

에리옵스는 크기가 큰 초기 양서류이다. 완전한 뼈로 된 골격을 지녀 **쉽게 화석화**될 수 있었으므로 사례가 많이 발견되었다. 다른 초기 양서류는 많은 경우 골격의 일부가 연골이었다. 에리옵스는 조류, 작은 파충류와 양서류를 먹었다.

에리옵스,
2m 길이

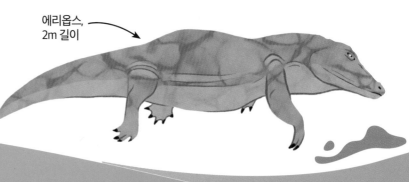

2억 9천9백만 년 전

2억 9천9백만 년~2억 5천2백만 년 전

판게아의 내륙 일부가 점차 건조하고 차가워짐에 따라 침엽수 및 글로소프테리스와 같은 **양치류 종자식물**이 열대 나무의 뒤를 이었다. 글로소프테리스와 비슷한 식물의 거대한 숲이 남쪽 땅의 넓은 지역에 퍼져 나갔다.

글로소프테리스,
4~8m 높이

· 글로소프테리스 화석 ·

글로소프테리스 화석은 현재 바다인 땅에서 널리 찾을 수 있다. 이는 시간이 흐르면서 대륙이 움직였다는 중요한 단서이다. 남아메리카, 남아프리카, 오스트레일리아, 인도, 남극 대륙에 퍼져 있는 글로소프테리스 화석은 이 대륙들이 한때 연결되어 있다가 나무가 죽은 뒤 쪼개졌다는 사실을 보여 준다. 씨가 바다를 건너갈 수는 없었을 것이기 때문이다.

2억 9천9백만 년~2억 8천만 년 전

담수어인 **폐어**와 상어가 내륙의 강에서 헤엄쳤다. 폐어는 종류가 보다 다채로워지며 커졌지만, 수는 점차 줄어들었다.

2억 9천5백만 년 전

딱정벌레와 파리가 흔해졌는데 이들은 아마도 썩은 나무를 먹고, 살아 있는 나무에 구멍을 뚫고 살았을 것이다.

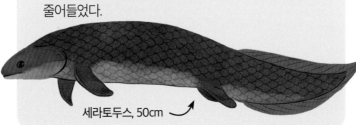

세라토두스, 50cm

2억 9천5백만 년~2억 7천2백만 년 전

디메트로돈과 같은 초기 '단궁류'는 후에 포유류에게 흔해지는 몇몇 특질이 발달한 동물이었지만, 아직은 포유류가 아니었다. 디메트로돈은 사나운 육식 동물로, 등에 척추로 받치고 있는 커다란 신경배돌기가 있었다. 이 돛 같은 부분은 짝짓기 상대에게 깊은 인상을 남기거나 체온을 안정적으로 유지하는 용도였을 것이다. 돛을 햇볕에 노출해 몸을 데우거나 바람쪽으로 향해 몸을 식힐 수 있었다.

디아덱테스, 1.5~3m

2억 9천만 년~2억 7천2백만 년 전

처음에 몇몇 사지동물은 **식물을 먹고 덩치가 더 커지기** 시작했다. 그중에 디아덱테스는 파충류와 양서류의 외양을 동시에 띄었는데, 입의 앞쪽에는 자를 수 있는 이빨이, 뒤에는 씹는 이빨이 발달해서 질긴 식물을 먹는 데 적응했다. 더 작은 오로바테스는 한낮의 건조한 열기를 피해 **굴을** 판 듯하다. 이런 동물들이 양막 알의 이점을 이용해 양서류가 갈 수 없었던 곳으로 이동하며 널리 퍼져 나갔다.

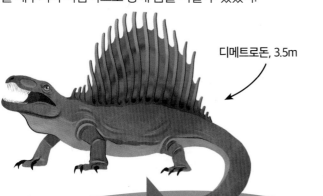

디메트로돈, 3.5m

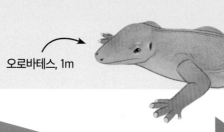

오로바테스, 1m

2억 7천6백만 년 전

바라놉스, 1.2m

2억 9천만 년~2억 5천만 년 전

삶은 바다에서도 계속되었다. 헬리코프리온이라는 기이한 **상어**는 아래턱에 특이하게 구부러진 이빨 한 줄이 있었는데, 이를 '소용돌이 이빨'이라고 부른다.

헬리코프리온은 소용돌이 이빨과 머리로 유명하고, 크기는 확실하지 않지만 최대 7.5m 정도였을 것이다.

2억 8천만 년 ~2억 7천2백50만 년 전

바라놉스는 **왕성한 육식 동물**로, 다른 파충류와 양서류를 먹었을 것이다. 열린 공간에서 먹이를 쫓을 수 있는 기다란 발과 날카롭고 구부러진 이빨이 220개 있다.

바라놉스는 단궁류로, 결국 여기서 포유류가 진화했다.

2억 8천만 년 ~2억 7천만 년 전

파충류같이 생긴 세이모리아는 **육지 생활에 잘 적응한 양서류**이지만, 알을 낳을 때는 물로 돌아간 듯하다. 육식 동물로 무척추동물과 작은 양서류를 먹었다.

세이모리아, 60cm

2억 7천5백만 년~2억 5천2백만 년 전

단궁류가 속속 등장하면서 육지의 포식자는 훨씬 더 많은 초식 동물을 먹고 살게 되었어요. 육식 동물은 빨리 달릴 수 있는 기다란 다리와 먹이를 뚫어 단단히 잡고, 찢고 씹을 수 있는 다양한 모양의 이빨, 입체적으로 보는 눈, 향상된 청력을 갖추며 환경에 보다 잘 적응해 나갔지요.

2.5m 길이의 모스콥스. 두개골은 10cm 두께였다.

2억 7천3백만 년 전

대멸종 사건으로 육지에 살던 동물 가운데 대략 3분의 2가 죽으면서 동물 간 균형이 깨지고 말았다.

2억 6천8백만 년 ~2억 5천2백만 년 전

수미니아는 최초로 알려진 사지동물로 **나무에 살았다.** 이빨로 보아 나뭇잎을 먹었고, 엄지손가락뿐 아니라 '엄지발가락'이 있는 팔다리로 나뭇가지를 잡고 매달리도록 진화했다. 꼬리는 균형을 유지하고 물건을 잡을 수 있도록 해 준다.

2억 6천5백만 년~2억 6천만 년 전

모스콥스는 **식물을 먹는 디노케팔리안**으로, 튼튼하고 강인했다. 두개골의 가장 위쪽은 단단한 뼈로 이루어졌는데 이는 머리로 들이받거나 다른 사회적 활동을 위해 발달한 것이었다. 현대의 동물들은 무리를 누가 이끌지 결정하거나 짝짓기 상대를 놓고 싸울 때 서로 머리를 들이받기도 한다.

2억 7천5백만 년 전

2억 7천만 년 전

단궁류는 **수궁류**로 진화했는데, 이는 모든 현대 포유류의 조상이다. 몇몇은 머리카락이나 털도 자라났다. (디메트로돈과 같은) 초기 단궁류는 멸종하기 시작했다.

2억 6천8백만 년~2억 6천5백만 년 전

디노케팔리안이라 불리는 파충류 무리는 머리와 몸이 크게 진화했다. 초식 동물과 육식 동물이 모두 있었는데, 당시 가장 큰 육지 동물에 속했다. 티타노포테우스는 전형적인 육식 디노케팔리안으로, 무시무시한 이빨이 있었다. 다리가 양쪽으로 벌어져 천천히 뒤뚱뒤뚱 걸었다. 먹이를 쫓기보다는 매복했다가 먹이를 물고 죽을 때까지 기다렸다.

2억 6천만 년 ~2억 4천7백만 년 전

실러캔스는 현재 독일과 영국에 있는 지역의 **열린 바다에서 살았던 커다란 총기 어류**였다. 실러캔스는 다음에 이어지는 세 번의 대멸종에도 살아남았다.

2억 7천만 년~2억 6천만 년 전

조류에 의해 형성되는 **암초**는 바다와 수로로 연결된 내륙해의 가장자리에서 자라났다. 그러나 2억 5천2백만 년 전에 해수면이 낮아지면서 말라 버렸고, 광활한 소금밭만 남긴 채 암초의 해양 생물은 모두 죽었다.

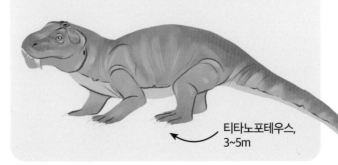

티타노포테우스, 3~5m

2억 6천만 년~2억 5천2백만 년 전

스쿠토사우루스는 **파레이아사우루스**라 불리는 형태의 철갑 초식 동물이다. 소 정도 크기로, 현대의 포유류처럼 몸 아래로 쭉 뻗은 다리를 지녔다고 알려진 최초의 동물이다. 커다란 배에는 질긴 식물을 분해하는 긴 소화 기관이 들어 있었다. 파레이아사우루스는 가장 큰 페름기 육지 동물이었다. '골편'이라는 뼈로 만든 판으로 포식자로부터 몸을 지켰다.

2.5m 길이의 스쿠토사우루스. 무리 지어 다녔을 것이다. 청력이 좋았고, 고함쳐서 동료들과 소통했을 것이다.

· 포유류의 조상 ·

단궁류는 양서류처럼 양쪽으로 벌어지기보다는 몸통 아래로 바로 뻗은 다리가 있었다. 쭉 뻗은 다리는 빠르게 달리기 좋아 자신이 포식자인 경우에도, 도망가는 처지인 경우에도 모두 도움이 된다. 가장 포유류 같은 무리는 '개의 이빨'이라는 뜻의 키노돈트(견치류)라고 불렸다. 일부는 무리 지어 사냥했을 것이고, 콧수염이나 일종의 머리카락도 있었던 듯하다. 온혈 동물(따뜻한 피로 신체 온도를 조절할 수 있음)이었다. 키노돈트는 현대 포유류의 조상이다.

걸음걸이가 제멋대로인 동물은 다리가 몸의 양쪽에 붙어 있다(아래). 공룡과 포유류는 걸음걸이가 똑바른데, 다리가 몸 아래 수직으로 붙어 있다(오른쪽).

2억 5천2백만 년 전

2억 6천만 년~2억 5천4백만 년 전

파충류가 모두 큰 건 아니다. 디익토돈과 로버티아는 비교적 작았다. 모두 **커다란 송곳니**나 엄니를 가진 쌍아류 파충류였다. 엄니는 뿌리를 먹기 위해 땅을 파헤칠 때 사용했을 것이다. 엄니 외에도, 풀을 자르는 딱딱한 부리가 있었지만, 다른 이빨은 더 없었다.

1m 길이의 디익토돈. 굴을 판다.

로버티아, 40cm 길이

2억 6천만 년 ~2억 5천1백만 년 전

코엘루로사우라부스는 곤충을 제외하고는 하늘을 나는 최초의 동물에 속한다. 이 **날아다니는 도마뱀**은 뼈대로 받친 피부를 펄럭이며 나무 사이를 날았다. 날개는 앞다리에서부터 엉덩이까지 펼쳐져 있다.

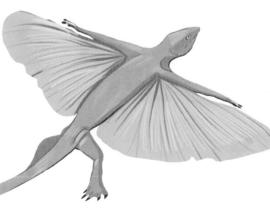

코엘루로사우라부스, 40cm 길이

2억 5천2백만 년 전

그 어느 때보다도 파괴력이 큰 대멸종 사건으로 **페름기가 막을 내렸다**.

모두 안녕

페름기는 재난과 함께 찾아온 대멸종 사건으로 막을 내렸는데, 세상이 맞닥뜨린 사건 중 최악이라

할 만했어요. 지구에 존재하는 모든 종의 약 95%가 죽었고 육지와 바다는 널리 사막화되어

생명이 살 수 없는 환경으로 변하고 말았지요.

심각한 사건

전문가들은 대체로 이 대량 멸종의 원인을 시베리아(현재 러시아 북부 지역)에서 일어난 **엄청난 화산 폭발**로 꼽아요.

정확히는 산에서 일어난 폭발이 아니라 광활한 평야에 용암이 흘러넘치면서 10만 년 넘게 땅을 녹인 사건이에요.

이 폭발로 인해 온 지구를 6m 깊이로 덮을 만큼 많은 용암이 흘러나왔는데, 시베리아에는 무려 4km 깊이로

용암이 쌓였어요.

한바탕 폭발이 일어나면서 재, 가스, 먼지가 하늘을 뒤덮어

지구는 어둡고 차가워지고, 산성비가 내리기 시작했어요.

식물은 모두 죽었죠. 뿌리도 어느 하나 자리 잡지

못해 토양은 죽은 식물 및 동물과 함께 바다로

쓸려 내려갔어요. 해수면은 낮아졌고, 바닷물이

차가워지거나 말라 얕은 바다가 되면서 그 안에

살던 생명체들도 죽어 갔어요. 사체가 바다로

모였고, 대기 중의 가스가 바다에서 산소를 빼앗아

가면서 플랑크톤과 물고기들도 죽었어요. 하지만

이건 단지 시작에 불과했어요.

차가움에서 뜨거움으로

차가움이 가고 뜨거움이 찾아왔어요. 썩은 식물과 동물을 분해하는 미생물에서 나온 메테인, 화산 폭발로 분출한 가스가 **온실 효과를** 일으키며 지구는 뜨거워지기 시작했죠. 이파리 하나 없어 공기로부터 이산화 탄소를 흡수할 수도 없었기에 환경은 계속해서 나빠져만 갔어요. 지구는 이전보다 15℃ 정도 더 뜨거워졌어요.

결과

죽음은 계속 이어졌어요. 식물이 사라지면 이를 먹고 살던 동물이 죽고, 뒤이어 초식 동물을 먹던 동물이 죽지요. 토양이 씻겨 내려가면 애벌레와 곤충 역시 잃게 돼요. 바다가 쓰레기로 가득 차고 산소가 제거되면, 해양 식물과 어류가 죽어요. 죽어서 썩은 것들은 다시 바다의 상황을 악화시키죠. 너무 많은 종이 사라진 탓에 페름기 끝에 일어난 이 대멸종을 **'대살상'**이라고도 불러요.

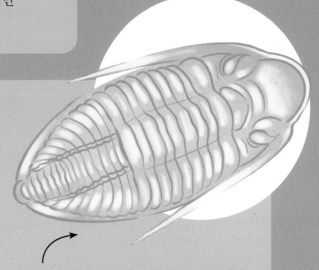

디토모피게 같은 삼엽충은 2억 7천만 년 동안 살았지만 '대살상'으로 완전히 사라져 버렸다.

생존자들

그럼에도 생존자들은 있었어요. 한 종류의 생명체에게는 대멸종이 좋은 일이었는데, 바로 **분해자들**이죠. 미생물, 곰팡이, 애벌레나 절지동물들처럼 사체나 썩은 물질을 좋아하는 작은 동물들에겐 대멸종이 그야말로 축제였어요. 화석의 기록을 보면 **곰팡이**의 수가 늘었다는 사실을 알 수 있답니다.

소수였지만 **큰 생명체들**도 살아남았어요. 육지에서는 리스트로사우루스가 생존했어요. 다른 동물들과 경쟁을 피하고, 이전과는 다른 기후와 조건에 적응하면서 러시아에서 남극 대륙까지 육지를 지배했지요. 살아남은 종은 천천히 퍼져 나가며 새로운 장소에서 마주하는 환경에 적응하고 또다시 새로운 종으로 진화했어요. 하지만 대살상 이전의 다양성을 회복하는 데에는 1천만 년쯤 걸렸을 거예요.

리스트로사우루스

2억 5천1백만 년~2억 4천5백만 년 전

대살상 이후의 시기는 척추동물 진화의 결정적인 시간이었어요. 다음 시기인 트라이아스기에 지배 파충류라 불리는 파충류가 등장했는데, 여기에서 공룡, 익룡, 악어, 후기 조류가 진화했지요. 최초의 포유류도 등장했어요. 지구가 재난에서 회복되는 동안은 매우 뜨겁고 대체로 건조했어요. 해수면이 높고 양극 지방에는 얼음이 없었어요. 모든 육지가 여전히 연결되어 있었지만, 판게아가 쪼개지면서 점차 분리되기 시작했어요.

2억 5천1백만 년~2억 5천만 년 전

대살상 이후, 동물은 대부분 몸집이 작았다. **가장 큰 육식 동물** 중에는 프로테로수쿠스가 있었다. 육지와 물 어디서든 사냥했는데, 적응을 잘해서 살아남을 수 있었다.

프로테로수쿠스, 1~2m

완족류

쌍각류

2억 5천1백만 년 전

멸종 전 완족류는 해저에 사는 주요 여과 섭식 동물이었다. 이후에는 경첩으로 연결된 껍데기 두 개가 있는 **쌍각류** 조개로 바뀌었다.

2억 5천1백만 년 전

트레마토사우루스, 2~3m

2억 5천1백만 년 ~2억 4천7백만 년 전

트리낙소돈은 여우만 한 크기의 육식 동물이었다. **단궁류**는 몸통 아래로 바로 뻗은 다리와 뒤덮인 털과 같은 포유류의 몇몇 특징을 지닌 종류였는데, 대멸종 이후의 끔찍한 환경에서 필요하면 굴을 파거나 숨으면서 살아남았다.

트리낙소돈, 45cm

2억 5천1백만 년 ~2억 4천7백만 년 전

트레마토사우루스는 악어처럼 생긴 **커다란 양서류**이다. 바다와 (조금 짠) 염수에서 살았다. 눈과 콧구멍이 머리 위쪽에 있어서 숨을 쉬거나 물 위를 내다보는 동안에도 몸은 대체로 물속에 잠겨 있었다.

2억 5천만 년 전

바다나리는 대재앙 당시 모두 사라졌다가 다시 돌아왔다. 새로운 형태의 바다나리가 나타났는데 일부는 팔이 300개나 있었다.

바다나리는 해저의 '고정된 위치'에 붙어 있었다.

· 식물의 복귀 ·
식물이 되살아나면서 침엽수가 육지 대부분을 뒤덮었다. 일부 나무는 30m까지 자랐다. 트라이아스기 후반에 기후와 땅이 좀 더 건조해졌을 무렵, 숲의 많은 부분은 양치식물로 가득한 평야로 뒤바뀌었다.

2억 5천만 년 전

개구리와 도롱뇽과 같은 작은 양서류가 나타나기 시작했다. 이전에는 대부분의 양서류가 훨씬 더 컸다.

2억 4천9백만 년~2억 3천7백만 년 전

심보스폰딜루스는 바다에서 살며 절대로 육지로 올라오지 않았던 초기 **이크티오사우루스**였다. 이크티오사우루스는 물고기 모양 파충류로, 대멸종 이후 빠르게 크기가 커지는 방향으로 진화했다. 심보스폰딜루스는 10m, 가장 나중에 등장하는 샤스타사우루스는 21m에 달할 정도로 커졌다.

크기와 상관없이, 심보스폰딜루스는 작거나 중간 크기의 물고기, 암모나이트와 벨렘나이트(오징어와 같은 동물)만 먹었다.

2억 4천5백만 년 전

메소수쿠스, 30cm

2억 4천6백만 년 전

메소수쿠스는 **린코사우루스**(부리가 있는 초식 파충류)이다. 트라이아스기에 나타났다 다시 사라진 무리 중 하나인데, 살아남은 종이 전혀 없다. 대다수의 린코사우루스는 식물을 먹었다. 앵무새처럼 생긴 부리 안에 작은 이빨이 있어 식물을 으스러뜨리거나 갈 수 있었다. 돼지와 비슷하고 건장했으며 머리가 넓적했다.

2억 4천5백만 년 전

아르코사우루스라 불리던 파충류의 한 무리가 두 종류로 나뉘었다. 한 종류는 조류와 공룡을 포함하는데, (무릎 관절처럼) 경첩으로 연결된 발목 관절이 있었다. 다른 종류는 악어를 포함하는데, 이들의 발목 관절은 (인간의 어깨 관절처럼) 절굿공이로 연결된 모양이었다.

70cm의 에우파르케리아. 후각이 매우 뛰어나며 빠르게 달릴 수 있었다.

2억 4천5백만 년~2억 3천만 년 전

아르코사우루스와 관련된 에우파르케리아는 **후기 공룡의 몇 가지 특질**을 갖고 있었다. 등과 꼬리를 따라 골판이라 불리는 뼈 판이 있었고, 입속에는 뾰족한 가시 같은 이빨이 났으며, 긴 뒷다리로는 일어설 수 있었다. 남극 근처에 살며 밤눈이 밝아 길고 어두운 겨울에 대처하기 좋았다.

플라코두스, 2m

2억 4천5백만 년 ~2억 3천5백만 년 전

플라코두스는 필요한 경우 **땅에서도 돌아다닐 수 있는 해양 파충류**이지만, 행동은 느리고 굼떴던 듯하다. 해안 근처에 살며 앞니로 바다에 있는 조개류를 캐서 입 안쪽에 가로질러 난 이빨로 으스러뜨렸을 것이다.

2억 4천5백만 년 전

물로 되돌아가다

생명은 물에서 시작되었어요. 이후에 많은 생명체가 육지로의 모험을 시작했지만, 일부는 물로 되돌아갔지요. 바다를 절대 떠나지 않았던 생명체들도 있었고, 몇몇은 바다를 떠나 해안에 있는 염수 지대와 내륙의 민물로 나아갔어요.

물기가 촉촉

땅으로 올라온 사지동물은 **양서류**가 되었는데, 절대로 완전히 물을 떠나지는 않았어요. 양서류는 여전히 물에 알을 낳고 새끼는 물에서 살아요. 대체로 물에서 먹이를 잡고요. **파충류**로 진화한 일부는 한동안 물과 완전히 관계를 끊었어요. 트라이아스기부터는 육지에서의 생활에 적응한 몇몇 동물이 다시 물로 돌아가기 시작했어요.

다시 물로

물로 되돌아간 최초의 파충류는 노토사우루스와 이크티오사우루스였어요. 물에서 다니는 다른 모든 파충류처럼 이 둘도 여전히 공기로 숨을 쉬어야 했으므로 종종 수면으로 올라왔지요. 해양 파충류는 바다 깊은 곳에서는 살 수 없었어요. **노토사우루스**는 발에 물갈퀴가 있어 헤엄을 쳤고, 현재 물개처럼 바위 위로 몸을 끌어올릴 수도 있었어요. 아마 많은 시간을 육지에서 보냈을 테지만 사냥은 바다에서 했답니다. 바깥으로 향해 있는 이빨은 가시처럼 생겨서 미끄러운 물고기를 잡을 때 적합했고 때로는 자기보다 작은 해양 파충류를 먹기도 했어요. 땅으로 올라와 알을 낳았는지, 혹은 물에서 산란했는지는 알려지지 않았어요. 모든 노토사우루스는 트라이아스기 말에 일어난 멸종 사건으로 자취를 감추었어요.

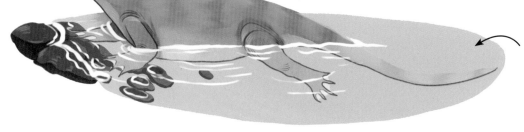

4m의 노토사우루스.
2억 4천만 년~2억
1천만 년 전에 살았다.

이크티오사우루스는 물고기 모양의 해양 파충류예요. 땅에서 다니던 파충류가 바다로 돌아오면서 진화했어요. 팔다리는 노처럼 생기기도 했고 종종 지느러미 같기도 했어요. 머리는 물을 가르기 좋게 유선형이었고, 몸의 형태는 부드러운 곡선을 띠었어요. 꼬리는 방향타처럼 움직임을 도왔지요.

믹소사우루스.
1m 길이의 어룡이었다.

물속의 새끼

적어도 몇몇 이크티오사우루스는 **물에서 새끼를 낳았으므로** 땅으로 돌아갈 필요가 없었어요. 이들은 물속 생활에 매우 잘 적응해서 땅으로 이동할 이유가 없었을 거예요. 새끼가 태어나면, 어미는 지금의 고래나 돌고래와 같은 현대 해양 포유류가 그러하듯이 수면 밖에서 최초의 호흡을 하도록 도왔어요.

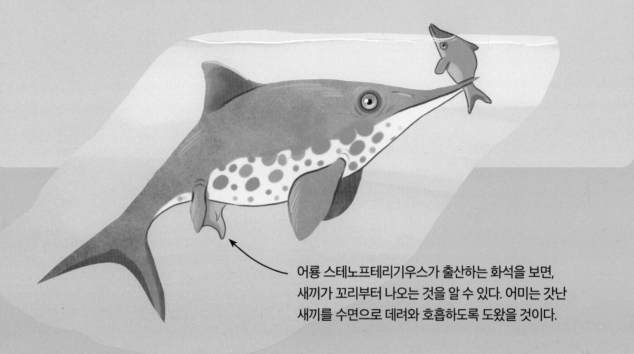

어룡 스테노프테리기우스가 출산하는 화석을 보면, 새끼가 꼬리부터 나오는 것을 알 수 있다. 어미는 갓난 새끼를 수면으로 데려와 호흡하도록 도왔을 것이다.

유사한 형태

이크티오사우루스와 노토사우루스는 어류와 물개의 형태와 비슷하게 발달했지만, 이들 동물과 관계는 없어요. 진화를 통해 비슷한 모습이 됐을 뿐인데, 그러한 형태가 물에서 살기 적합했기 때문이지요. **'수렴 진화'**라고 하는 이 과정은, 출발지가 다르며 관계가 없는 생명체들이 유사한 특질을 갖도록 진화하는 방식인데, 단지 생명체가 살아가는 조건에 잘 맞는 특질을 취한 결과예요.

1m의 후페후추스. 2억 5천1백만 년~2억 4천7백만 년 전에 살았고 이크티오사우루스와는 관계없지만 유사한 형태로 진화했다.

고래는 이크티오사우루스 및 어류와 비슷한 모양이나 각각 별개로 진화했다.

2억 4천4백만 년~2억 2천만 년 전

대재앙 이후 생명이 다시 살아나면서, 새로운 방향으로 다양성을 띠기 시작했어요.
트라이아스기 중기에는 최초의 포유류와 최초의 공룡이 등장했지요. 둘 다 작은
크기로 시작했지만, 공룡은 금세 매우 커다래졌어요.

헤노두스, 1m

2억 4천2백만 년 전

특이하게 생긴 파충류 타니스트로페우스는 **목이 3m**나
되었고 전체 길이의 절반 이상을 차지했다. 바다에서 살며,
커다란 몸을 숨길 수 있는 어두컴컴한 물속에서 물고기를
사냥했을 것이다.

타니스트로페우스,
5m

2억 3천7백만 년 전

거대하고 납작한 거북처럼 생긴 헤노두스는
길이보다 너비가 더 큰 껍데기를 지녔다.
거북의 등 껍데기와는 달리 **뼈 판이 서로
겹치고 결합**한 껍데기였다. 이빨은 두
개뿐이어서, 물에서 식물을 걸러 내는
방식으로 먹거나 바위나 해저에서 조류를
긁어 먹었을 것이다.

2억 4천4백만 년 전

2억 3천만 년 전

최초의 포유류가 작은 덩치로 등장했다.
뾰족뒤쥐 같이 생긴 에오조스트로돈은
약 10cm 길이로, 최초의 포유동물에
속한다. 어미는 현대 포유류와
마찬가지로 새끼에게 먹일 우유를
생산했지만, 새끼들은 알에서 태어났다.
가시두더지와 같은 단공류 동물들은
여전히 알을 낳는다.

2억 4천만 년 전

페름기의 산호는 모두 사라졌지만, 현대의
산호 폴립과 관련 있는 **산호를 만드는
동물**이 새로이 등장했다. 자기 몸을 둘러싼
단단한 껍데기를 만드는, 아주 작은 바다
아네모네와 같은 동물이다. 처음에는 암초를
짓지 않고 얕은 바다에서 혼자 살았다.

2억 4천1백만 년 전

프레스토수쿠스는
라우이스쿠스류라 불리는 파충류의
한 종류였다. 커다란 머리에 사나운
이빨이 가득 나 있고 덩치가 큰 이
동물은 무거운 악어처럼 보이기도
했다. 일부 라우이스쿠스류는
10m 길이까지 자라났다. 이들은
트라이아스기의 최상위 포식자였다.
프레스토수쿠스는 네 다리로
걸었지만, 다른 라우이스쿠스류는
대체로 두 뒷다리로 걸었다.

프레스토수쿠스, 6.5m

2억 3천1백만 년~2억 2천9백만 년 전

최초의 공룡에 속하는 헤레라사우루스는
현재 남아메리카 일대의 육지에 살았다.
가볍고 날렵했으며 엉덩이까지 길이가
약 1m였다. 아마도 아주 초기의 수각류
공룡(티라노사우루스 렉스와 같은 종류)이었을
것이다. 수각류 공룡은 두 발로 걸으며
고기를 먹었다.

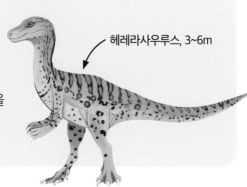

헤레라사우루스, 3~6m

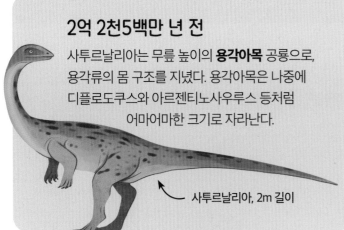

2억 2천5백만 년 전

사투르날리아는 무릎 높이의 **용각아목** 공룡으로, 용각류의 몸 구조를 지녔다. 용각아목은 나중에 디플로도쿠스와 아르젠티노사우루스 등처럼 어마어마한 크기로 자라난다.

사투르날리아, 2m 길이

2억 2천만 년 전

린코사우루스는 2천5백만 년 동안 번창하다가 멸종했다.

1.3m 길이의 히페로다페돈. 2억 3천1백만 년~2억 2천7백만 년 전에 살았고 먹이였던 양치류 종자식물이 멸종하자 모두 사라졌다.

파라수쿠스, 2.5m

2억 2천만 년 전

포스토수쿠스와 비교해 날씬하고 낮게 서 있는, **악어처럼 생긴 파라수쿠스**는 뒤뚱뒤뚱 걸었고 물고기를 먹었다.

2억 2천만 년 전

3.5m의 플라세리아스. 포유류의 특질을 몇 가지 지닌 쌍아류 파충류이다.

2억 2천1백만 년~2억 3백만 년 전

라우이스쿠스류인 포스토수쿠스는 이 시기에 함께 살았고 아마도 초기 수각아목 공룡을 먹은 듯하다. 입으로 무는 근육이 발달했고, 단단한 머리 안에 7cm 길이의 단검 같은 이빨이 있는 **최상위 포식자**였다. 두 발과 네 발을 선택해 걸을 수 있었던 것으로 보인다. 골편이라 불리는 뼈바늘이 등과 목을 보호했다.

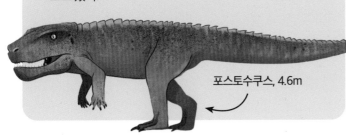

포스토수쿠스, 4.6m

2억 2천만 년~2억 1천6백만 년 전

플라세리아스는 **트라이아스기의 가장 큰 초식 동물**에 속하며, 현대 하마와 무게와 크기가 같았다. 큰 무리를 지어 현재의 북아메리카 지역을 돌아다녔다.

2억 1천9백만 년~2억 1백만 년 전

트라이아스기 말기에는 공룡의 수가 증가하고 현대 포유류와 비슷한 특질을 많이 가진 포유류가 나타났어요. 포유류로의 진화는 몇몇 파충류와 비슷한 동물들이 천천히 포유류의 특질을 획득하면서 이루어졌어요. 이 시기는 6천5백50만 년 전 날지 않는 공룡들의 멸종 이후 매우 중요한 생물로 떠오르는 포유류와 함께 끝을 맺어요.

2억 1천 5백만 년 ~2억 2백만 년 전

산호는 독립해 살아가는 대신 암초를 구성했다. 산호 폴립은 공생을 시작해 그 안에 살던 조류와 도움을 주고받았다. 조류는 광합성을 통해 산호 폴립에 먹이를 제공했다.

2억 1천만 년 전

최후의 플라코돈트에 속하는 프세포데르마는 뼈가 결합하여 만들어진 껍데기를 지녔다. 껍데기는 두 부분으로 나뉘었는데 몸의 위쪽과 엉덩이를 각각 덮었다. 부리 같은 뾰족한 코로 해저의 진흙이나 바위틈에서 갑각류 동물을 파헤친 후 입 안쪽에 있는 이빨로 이를 부수었다.

프세포데르마, 1.8m

2억 1천9백만 년 전

2억 1천4백만 년 ~2억 4백만 년 전

플라테오사우루스는 초기 용각아목이었다. 대체로 식물을 먹었지만, 육식 조상으로부터 진화한 특질도 있다. 플라테오사우루스는 대부분 두 뒷다리로 걸었을 테지만 나중에 용각류는 몸집이 너무 크게 자라나 네 다리로 걸어야 했다. 앞다리에 커다란 발톱이 있었는데, 식물을 당겨 입에 넣거나 자신을 보호하는 데 썼을 것이다.

에우디모르포돈, 날개 길이 1m

2억 1천만 년~2억 5백만 년 전

최초의 익룡이 유럽 해안의 하늘에 나타났다. 이렇게 나는 파충류들은 길게 늘어난 네 번째 손가락에서 뒤쪽 다리까지 연결된 피부가 늘어져 생긴 날개와 긴 꼬리를 가지고 있었다. 입에는 송곳니와 날카로운 이빨이 가득해 물고기와 갑각류를 잡아먹는 데 적합했다.

2억 1천만 년 전

릴리엔스테르누스는 가장 큰 트라이아스기 수각류에 속한다. 이후의 티라노사우루스 렉스와 같은 거대한 공룡에 비해 훨씬 가벼워서 빠르게 달릴 수 있었다. 플라테오사우루스와 같은 지역에서 이들을 사냥하면서 살았을 것이다.

릴리엔스테르누스, 5m

플라테오사우루스, 5~10m 길이

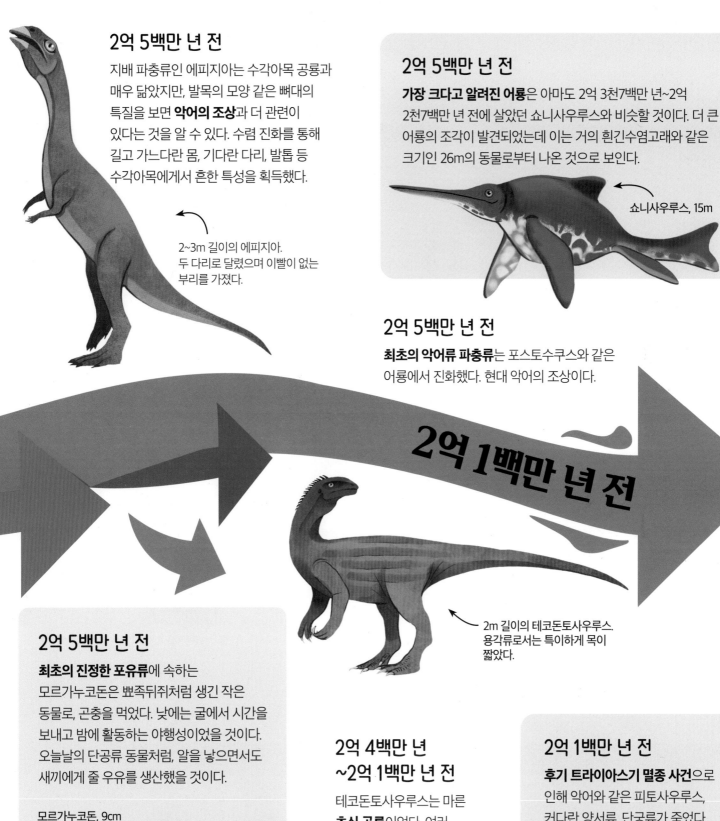

2억 5백만 년 전

지배 파충류인 에피지아는 수각아목 공룡과 매우 닮았지만, 발목의 모양 같은 뼈대의 특질을 보면 **악어의 조상**과 더 관련이 있다는 것을 알 수 있다. 수렴 진화를 통해 길고 가느다란 몸, 기다란 다리, 발톱 등 수각아목에게서 흔한 특성을 획득했다.

2~3m 길이의 에피지아. 두 다리로 달렸으며 이빨이 없는 부리를 가졌다.

2억 5백만 년 전

가장 크다고 알려진 어룡은 아마도 2억 3천7백만 년~2억 2천7백만 년 전에 살았던 쇼니사우루스와 비슷할 것이다. 더 큰 어룡의 조각이 발견되었는데 이는 거의 흰긴수염고래와 같은 크기인 26m의 동물로부터 나온 것으로 보인다.

쇼니사우루스, 15m

2억 5백만 년 전

최초의 악어류 파충류는 포스토수쿠스와 같은 어룡에서 진화했다. 현대 악어의 조상이다.

2억 1백만 년 전

2m 길이의 테코돈토사우루스. 용각류로서는 특이하게 목이 짧았다.

2억 5백만 년 전

최초의 진정한 포유류에 속하는 모르가누코돈은 뾰족뒤쥐처럼 생긴 작은 동물로, 곤충을 먹었다. 낮에는 굴에서 시간을 보내고 밤에 활동하는 야행성이었을 것이다. 오늘날의 단공류 동물처럼, 알을 낳으면서도 새끼에게 줄 우유를 생산했을 것이다.

모르가누코돈, 9cm

2억 4백만 년 ~2억 1백만 년 전

테코돈토사우루스는 마른 **초식 공룡**이었다. 여러 테코돈토사우루스 화석이 남부 잉글랜드의 석회석 틈에서 발견되었는데, 음식을 찾다가 추락했거나 떨어지는 암석 때문에 죽은 듯하다.

2억 1백만 년 전

후기 트라이아스기 멸종 사건으로 인해 악어와 같은 피토사우루스, 커다란 양서류, 단궁류가 죽었다. 바다의 산호초도 자취를 감췄다. 화산 폭발로 공기 중에 이산화 탄소가 분출하며 지구가 뜨거워진 탓이다. 일부 육지 식물, 공룡, 포유류, 익룡이 살아남았다.

공룡의 증가

트라이아스기에 처음 공룡이 등장했을 때는 여러 개체 중 하나일 뿐이었어요. 오히려 포스토수쿠스와 같은 커다랗고 흉포한 지배 파충류가 최상위 포식자였죠. 이후의 대량 멸종 사건으로 인해 모든 장애물이 사라지면서, 공룡은 더 커지고 온 세상을 지배할 만큼 성장했어요.

길이 열리다

트라이아스기 끝에 일어난 대멸종으로 많은 지배 파충류가 죽으면서, 살아남은 생명체가 확산하고 다양해질 수 있는 공간이 많아졌어요. 행운의 생존자 중 가장 성공적이었던 건 공룡과 익룡이었지요. 포유류 역시 살아남았지만 아주 오랫동안 여전히 매우 작은 크기로 남아 있었어요.

다른 초기 공룡처럼, 스쿠텔로사우루스는 작고 민첩한 두 발로 달렸다.

공룡이 되다

지배 파충류에서 공룡으로의 변화는 특히 **다리와 엉덩이의 변형**으로부터 시작했어요. (▶53쪽) 초기 공룡은 두 다리로 달렸는데, 달리기가 가능하려면 뼈대가 변해야만 했지요. 악어와 같은 지배 파충류와 현대 파충류의 다리는 옆으로 붙어 있는데, 소나 개 같은 현대의 포유류처럼 다리가 몸통에서 바로 뻗어 나와야 달릴 수 있었어요.

최초의 공룡은 아마도 약 2억 4천만 년 전에 등장했을 거예요. 아프리카에서 발견된 니아사우루스가 최초의 공룡이거나, 공룡 등장 직전에 살았던 공룡의 조상이었던 것 같아요. 니아사우루스의 흔적이 워낙 적어서 확실치는 않지만요. 최초의 공룡은 적어도 2m 이상의 길이로, 두 다리로 달렸으며 고기나 곤충을 먹은 듯해요. 식물도 갉아 먹었겠지만, 대부분은 초식 동물이 아니었을 거예요.

니아사우루스는 2억 4천만 년 전에 살았다. 공룡이었을까 아니면 단지 공룡과 비슷한 존재였을까?

엉덩이가 다르다

공룡이 진화하면서 엉덩이 모양이 두 가지로 발달했어요. 이 둘은 '도마뱀 엉덩이 공룡'과 '새 엉덩이 공룡'으로 불려요. 특이하게도, 새는 도마뱀 엉덩이 공룡으로부터 진화했답니다.

티라노사우루스 렉스와 같은 수각아목 공룡은 도마뱀 엉덩이 공룡(위)인 반면에 코리토사우루스와 같은 조반류는 새 엉덩이 공룡(아래)이었다.

걷는 모습

트라이아스기, 그리고 쥐라기와 백악기 동안 공룡의 몸은 세 가지 특징적인 형태로 진화했어요.

수각류는 두 다리로 걷고 고기를 먹었어요. **용각류**는 네 다리로 걷고 식물을 먹었지요. **조반류**는 특징이 섞여 일부는 두 다리로 걷고 몇몇은 네 다리로 걸었어요. (아래 트리케라톱스처럼) 언제나 네 다리로 걸으며 낮게 쪼그려 앉는 동물, 그리고 가스파리니사우라처럼 두 발로 걸을 수 있는 좀 더 가볍고 민첩한 동물이 있었는데, 둘 다 식물을 먹었어요.

수각류(가장 위), 용각류(가운데), 조반류(아래)의 특징적인 모양

점차 커지다

트라이아스기의 공룡들은 **몸집이 작았어요.** 코엘로피시스처럼 빠르고 날렵한 종이 많았고, 턱 안은 바늘처럼 뾰족한 이빨로 가득 차 있었지요. 이들은 알로사우루스와 티라노사우루스 렉스와 같은 거대한 수각아목 공룡의 조상이에요. 긴 목 공룡으로 불리는 또 다른 무리는 몇 미터에 지나지 않는 동물에서 진화해 디플로도쿠스와 같은 **거대한 동물**이 되었는데, 키가 24m 이상이었어요. 이러한 거대 동물은 트라이아스기 말에 멸종했고, 공룡이 차지할 땅이 마련되고 쥐라기가 도래할 때까지 다시 나타나지 않았어요.

코엘로피시스는 곤충이나 작은 파충류를 먹었을 것이다.

chapter 4

공룡의 시대

2억 1백만 년 전 쥐라기가 시작되면서부터 6천5백50만 년 전 백악기가
끝날 때까지, 공룡은 대항할 자가 없는 지구의 지배자였어요. 공룡은
어디에나 살았고 그래서 화석 역시 남극 대륙을 포함해 모든 대륙에서
발견되었지요. 닭보다 작은 종에서부터 이제껏 있던 동물 중 가장 큰
종까지 크기도 다양했어요. 몇몇은 깃털로, 또 몇몇은 비늘로 뒤덮인
피부였고요. 일부는 뼈 판, 가시, 척추, 단도 같은 발톱과 하늘을
나는 돛이 달리기도 했어요. 이빨이 수백 개 난 종류가 있는가 하면,
어떤 종류는 이빨이 전혀 없기도 했지요. 일부는 식물을 먹고, 또
일부는 곤충, 작은 파충류, 조류, 다른 공룡을 먹었어요. 공룡은 모두
파충류이며 알을 낳았어요. 동시에, 하늘에서는 날아다니는 파충류인
익룡이 살았지요. 플레시오사우루스와 플리오사우루스는 바다에서
이크티오사우루스와 함께 헤엄친 해양 파충류였답니다.

2억 1백만 년~1억 6천6백만 년 전

초대륙인 판게아가 북쪽과 남쪽의 거대 대륙으로 갈라지기 시작하면서, 사이에 테티스해가 열렸어요. 육지에 사는 동식물은 각 대륙 덩어리의 동쪽과 서쪽으로는 이동할 수 있었지만 남북으로는 더 이상 이동할 수 없게 됐죠. 그러면서 각각 독립적으로 진화하기 시작했는데, 한때 똑같은 종이었어도 서로 다른 생활 조건에 적응하며 다른 생명체가 되어 갔어요.

2억 1백만 년~1억 9천1백만 년 전

익룡은 대부분 이빨이 없었지만, 디모르포돈은 특이하게 두 종류 다른 모양의 이빨이 있었다. 입의 위쪽에는 더 큰 이빨이, 아래턱에는 더 많은 작은 이빨이 났다. 곤충이나 작은 동물을 잡거나, 혹은 바다에서 물고기를 낚아채는 용도였을 것이다.

디모르포돈,
날개 길이 1.5m

2억 년~1억 8천3백만 년 전

긴 목 공룡인 마소스폰딜루스는 성체가 되면 뒷다리로 걸었지만, 새끼일 때는 네 다리를 모두 사용해 걸었다. 앞발에는 커다랗고 구부러진 엄지를 포함해 발가락 다섯 개가 있었다. 먹이가 많았다면 몸이 더 크게 자랐을 테고, 먹이가 충분치 않았다면 작은 크기로 남아 있었을 것이다.

마소스폰딜루스, 4~6m

2억 1백만 년 전

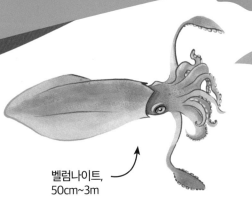

벨럼나이트,
50cm~3m

윌리엄소니아는 10cm 길이의 꽃과 함께 2m까지 자라난다.

2억 년 전

벨럼나이트의 몸은 오징어 모양이지만 오늘날의 오징어와는 달리 촉수 반대쪽 끝 안쪽으로 총알 모양의 뼈가 있었다. 이 부분이 화석으로 종종 발견된다. 벨럼나이트는 1억 3천5백만 년 동안 살아남았고, 공룡과 함께 멸종했다.

2억 년 전

윌리엄소니아는 왕관 모양으로 커다랗고 길게 자란 잎과 아래에 두껍고 비늘로 뒤덮인 몸통이 있었다. 이파리는 **줄기에 씨를 담고 있는** 커다란 꽃 같은 구조물을 둘러싸고 있다. 트라이아스기에 최초로 나타난 이후 쥐라기에 흔해졌다.

2억 년~1억 7천 년 전

슈마이스네리아는 **최초로 꽃을 피우는 식물**(혹은 속씨식물) 이었던 듯하다. 꽃은 작은 머리카락 다발 같았다.

1억 9천9백만 년~1억 9천6백만 년 전

초기 **조반류 공룡** 중 하나는 헤테로돈토사우루스였다. 머리카락 같은 깃털로 뒤덮여 있었으며 각 손에는 손가락이 다섯 개씩 있었는데, 그중 두 개는 마주 볼 수 있어서 엄지처럼 사용되었을 것이다. 헤테로돈토사우루스는 특이한 세 종류의 이빨이 있었다. 엄니, 입의 앞쪽으로 자르는 이빨, 뒤로는 가는 이빨이 났다. 하지만 무엇을 먹었는지는 알 수 없다.

헤테로돈토사우루스,
1.2~1.8m 길이

1억 8천4백만 년 전

최초의 기갑 공룡에 속하는 스쿠텔로사우루스는 등을 따라 뼈 판이 달린 작은 조반류였다. 뼈 판 덕분에 포식자로부터 몸을 보호할 수 있었다. 기갑 공룡은 훗날 스테고사우루스에서부터 탱크 같은 안킬로사우루스에 이르기까지 더 크고 다양해졌다.

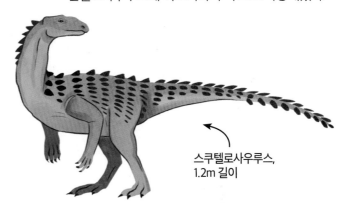

스쿠텔로사우루스,
1.2m 길이

1억 6천6백만 년 전

1억 9천3백만 년 전

새로운 형태의 해양 파충류인 **플레시오사우루스와 플리오사우루스**가 트라이아스기 말엽에 최초로 바다에 등장했다. 플레시오사우루스는 초기 수장룡이다. 노처럼 생긴 네 개의 물갈퀴를 이용해 물을 가르며 이동했다. 항상 물에서 지냈고 새끼를 낳았을 것이다. 기다란 목과 입속에 가득한 바늘처럼 날카로운 이빨을 이용해 주로 해저와 바위에 있는 조개와 달팽이를 뽑아 먹었다. 벨렘나이트와 물고기도 먹이였을 것이다.

1억 9천3백만 년 전

15cm 길이밖에 되지 않던 시노코돈은 아주 이른 시기의 **단궁류와 포유류 사이 경계에** 있는, 포유류 같은 동물이다. 설치류처럼 보이지만, 알을 낳았고 새끼에게 먹일 우유를 생산하지 않았다. 포유류의 턱뼈 배열이었다.

1억 년 전에 공룡의 먹이였던 은행은 모양이 오늘날까지 이어졌다.

1억 9천만 년 전

프로살리루스는 **최초 개구리의 조상**으로, 생김새와 뛰는 방식도 현대 개구리와 같았다.

1억 7천만 년 전~현재

은행나무의 경우 최초의 형태는 훨씬 이전인 약 2억 9천만 년 전에 나타났지만, 쥐라기 중반에 널리 퍼졌다. 이파리가 부드러웠고 꽃은 피지 않았으며 개울 근처에서 자랐다.

플레시오사우루스,
3.5m

날아오르다

최초로 하늘을 난 동물은 곤충이었어요. 석탄기의 늪이나 숲에 많이 살았죠. 쥐라기까지 하늘은 곤충의 무대였지만, 1억 4천5백만 년 전 쥐라기가 끝날 때에는 포유류, 익룡, 그리고 최초의 새들이 곤충에 합류해 하늘을 날았어요. 날 수 있는 진화는 각 동물에게 개별적으로 일어났는데, 익룡이 가장 먼저였답니다.

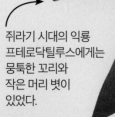

쥐라기 시대의 익룡 프테로닥틸루스에게는 뭉툭한 꼬리와 작은 머리 볏이 있었다.

하늘을 나는 파충류

익룡은 약 2억 1천만 년 전에 최초로 나타나 공룡의 시대에 대단히 성공적으로 살았지만, 6천5백50만 년 전에 멸종했어요. 아주 작은 새보다도 덩치가 작은 것부터 기린보다 큰 종까지 크기가 가지각색이었는데, 약 2억 2천5백만 년 전 백악기에 가장 다양했지요. 비록 머리가 몸보다 컸지만, 두개골에 커다란 구멍이 있고 뼈는 얇고 속이 비어서 무게가 많이 나가지 않은 덕분에 하늘을 날 수 있었어요. 새처럼 알을 낳았는데, 단단한 껍데기가 아닌 부드러운 가죽 같은 껍데기였어요.

이빨과 꼬리

에우디모르포돈과 같은 최초의 익룡은 절지동물을 포함한 작은 동물을 먹기에 적합한 **이빨**이 있었어요. 나중에는 많은 익룡이 해안가에서 물고기를 먹고 살았지요. 물고기를 먹는 익룡의 이빨은 대개 날카롭고 삐뚤빼뚤했는데, 빠져나가려고 펄떡이는 미끈미끈한 먹이를 잡아채 물고 있기 좋았죠. 어떤 익룡은 이빨이 전혀 없기도 했어요. 현대의 황새 같은 거대한 케찰코아틀루스는 이빨 없이, 아마도 땅에서 사냥하며 작은 척추동물을 한입에 집어삼켰을 거예요. 가장 유명한 프테로닥틸루스는 무척추동물을 먹었는데, 강력한 입으로 단단한 겉면을 아작아작 씹었어요. 초기 익룡에게 긴 **꼬리**와 꼬리 끝부분에 달린 연 모양의 '돛'이 있었던 반면, 후기 익룡의 경우 꼬리는 사라지고 단순한 절단면만이 짧게 남아 있었어요.

가장 초기의 익룡인 에우디모르포돈(2억 1천만 년 ~2억 3백만 년 전)은 날개가 1m 길이, 무게는 대략 10kg 정도였다.

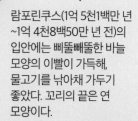

람포린쿠스(1억 5천1백만 년 ~1억 4천8백50만 년 전)의 입안에는 삐뚤빼뚤한 바늘 모양의 이빨이 가득해, 물고기를 낚아채 가두기 좋았다. 꼬리의 끝은 연 모양이다.

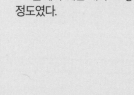

리아오닥틸루스(1억 6천만 년 전)는 빗처럼 촘촘하게 박혀 있는 아주 작은 이빨로 물을 걸러 냈다. 꼬리가 아주 짧았다.

날개와 걸음걸이

날개를 땅에 닿지 않게 유지하면서 뒷다리로 걷는 새와
달리, 익룡들은 네 발 달린 동물로, **네 발로 걸었고**
네 발로 힘차게 뛰어올라 하늘로 날아오를 수 있었을
거예요. **날개**는 마지막 관절에서 뒤로 접어 두었는데,
네 번째 손가락이 크게 확장되어 날개의 끝부분이 됐고,
손가락뼈와 뒤쪽 다리 사이에서 늘어난 피부가 날개를
이루었어요. 익룡의 발은 가지를 잡기에 적합하지 않아서
절대 나무 위에는 앉지 않았어요.

몸은 **피크노 섬유**라 불리는 곱슬곱슬한 털로 뒤덮여
있었는데, 포유류의 머리카락처럼 피부에 깊이 심겨 있지
않았을뿐더러 깃털처럼 구조가 복잡하지도 않았지요.
그래도 털 덕분에 체온을 유지할 수 있었을 거예요.

케찰코아틀루스(6천8백만
년~6천5백50만 년 전)는
가장 큰 익룡이었는데, 날개
길이는 11m, 서 있을 때
어깨까지 높이는 3m였다.
아마 작은 동물들을 먹고
살았을 텐데, 이빨이 없어서
먹이를 통째로 삼켜 버렸다.

멋진 머리

익룡들에게는 **화려한 머리 볏**이 있었어요. 종을 구분하는 데
사용되어, 같은 종류의 익룡은 서로를 쉽게 알아보고 짝짓기
상대를 유혹할 수 있었을 거예요. 투판닥틸루스와 같은 일부
익룡은 볏이 정말 커서 생활에 방해가 되었을 수도 있어요.
오늘날 수컷 공작은 커다란 허리 깃을 갖고 있는데, 짝짓기
상대를 유혹하는 기능만 할 뿐, 오히려 새의 움직임을 방해하는
것과 마찬가지로요. 하지만 적어도 익룡의 볏은 하늘이나
물속에서 안정적으로 움직이게 도와줬을 거예요.

투판닥틸루스(1억 1천2백만 년 전)는
거대한 머리 볏이 있었다.

모든 익룡의 볏에 닉토사우루스처럼
뼈와 볏 사이의 막이 있었는지는
아무도 모른다.

막이 있는 볏

뼈만 있는 볏

1억 6천9백만 년~1억 5천5백만 년 전

쥐라기 중반, 진정한 거대 공룡의 시대가 시작됐어요. 이 시기에도 두 거대 대륙이 이동해, 북아메리카가 유럽과 아시아에서, 남아메리카가 아프리카에서 분리되었지요. 유럽의 많은 지역은 아직 물속에 있었고 전 세계에 얕은 해안 지대가 펼쳐졌어요. 대륙 이동으로, 육지 동물은 더 이상 지구의 어디에나 갈 수는 없었답니다.

1억 6천5백만 년 전

최초의 벼룩 종류는 쥐라기 시대의 슈도풀렉스이다. 개벼룩 크기의 약 50배 정도인데 공룡의 거친 피부를 파헤칠 수 있는 커다란 입이 있었다.

슈도풀렉스, 1cm 길이

1억 6천7백만 년 ~1억 4천3백만 년 전

최초의 뱀이라 알려진 파르비쿠르소르가 도마뱀에서 분리되었다.

1억 6천5백만 년~1억 5천2백만 년 전

리드시크티스와 같은 거대한 **어류**는 백악기가 끝날 때까지 1억 년 동안 지속된 바닷속 플랑크톤 개체수의 증가로 큰 이득을 얻었다. 크기와 상관없이 플랑크톤만 먹고 살았으며 작은 이빨 수천 개를 통해 바닷물을 걸러 냈다.

리드시크티스는 16m 길이까지 자라났을 것이다.

1억 6천9백만 년 전

1억 6천6백만 년~1억 5천5백만 년 전

플리오사우루스는 머리가 크고 목이 짧아 동족인 플레시오사우루스에 비해 좀 더 다부지게 보였다. 가장 사나운 리오플레우로돈은 이 시기의 최상위 해양 포식자이며 플레시오사우루스까지도 먹을 수 있었다.

리오플레우로돈, 6.4m

볼라티코테리움, 30cm

카스토로카우다, 42cm

1억 6천4백만 년 전

포유류의 경우 쥐라기 중반에 설치류처럼 굴 파는 동물들이 서식지에서 슬금슬금 나오기 시작했다. 카스토로카우다는 **헤엄쳤다고 알려진 최초의 포유류**로, 물속과 주변의 삶에 적응했다. 현대 비버처럼 물갈퀴가 달린 발과 납작한 꼬리가 있었다. 쥐를 닮은 볼라티코테리움은 앞다리와 뒷다리 사이에 피부가 펼쳐진 덮개가 있어, 날다람쥐처럼 **나무 사이를 날 수 있었다.**

1억 6천1백만 년~1억 1천4백40만 년 전

쥐라기는 엄밀히 거대 공룡들의 시대였다. **용각류**는 역대 지구를 걸어 다닌 동물 중 가장 큰 동물이다. 중국에 있던 마멘키사우루스는 알려진 동물 중에서 가장 긴 목을 지녔는데, 목만 13m에 달했다. 대체로 목을 수평으로 길게 늘어뜨렸을 것이다. 또한 뒷다리로 잠깐 일어선 자세로 몇 걸음 걸을 수 있었던 듯하다.

1억 5천8백만 년 전

작은 중국 공룡인 응룡은 최초의 **각룡아목류**였다. 머리 주변으로 주름 장식과 뿔이 있던 트리케라톱스를 닮았다. 응룡의 경우에는 뿔은 없고 아주 작은 주름 장식만 있었다. 이후의 각룡아목류와는 달리 1.2m 길이에 불과했으며 두 다리로 걸었다.

ㆍ바다였던 유럽ㆍ

현재 유럽 지역은 쥐라기 시대에 많은 부분이 얕고 따뜻한 열대 바다였다. 물은 상어나 가오리와 같은 어류, 갑각류뿐 아니라 플레시오사우루스, 이크티오사우루스, 해양 악어, 암모나이트의 집이었다.

마멘키사우루스, 26~35m

1억 5천5백만 년 전

주라마이아, 7~10cm

1억 6천만 년 전

뾰족뒤쥐처럼 생긴 포유류 주라마이아는 중국의 숲속 나무에 살았다. **태반이 있는 최초의 포유류**로 알려져 있다. 이들은 다른 초기 포유류와 달리 어미의 몸 안에서 새끼를 키웠다.

1억 5천7백만 년 ~1억 3천7백만 년 전

다코사우루스는 드물게, 일부를 제외하고 바다를 떠난 **해양 파충류**이다. 알을 낳았는지 혹은 새끼를 낳았는지는 알려지지 않았다. 강력하게 무는 톱니 모양의 거대한 이빨로 물고기와 다른 해양 파충류를 먹고 살았던 무시무시한 최상위 포식자였다.

다코사우루스, 4~5m

알로사우루스. 9m 길이로 최상위 포식자였다.

1억 5천6백만 년~1억 4천4백만 년 전

초식 동물을 먹이로 하는 **육식 수각류**가 아주 작은 것부터 엄청나게 큰 것까지 다양하게 존재했다. 가장 큰 종류는 알로사우루스와 토르보사우루스 등이었으며, 가장 큰 용각류를 제외하고는 대부분 넘어뜨릴 수 있는 최상위 포식자였다. 쥐라기 시대에는 점차 커지고 사나워진 수각류와 더 커지거나 보호 장비와 뿔, 뾰족한 부분을 발달시킨 초식 공룡 간에 무기 경쟁이 일어났다.

1억 5천4백만 년~1억 4천5백만 년 전

쥐라기 후기에는 가장 유명한 공룡들이 살았어요. 따뜻한 기후로, 극지방과 열대 지방 간의 온도 차이가 지금보다 적었던 시기였지요. 공룡은 지구 전체에 살았지만, 현재까지는 다른 지역보다 미국과 중국에서 더 많은 화석이 발견되고 있어요.

1억 5천5백만 년~1억 4천5백만 년 전

스테고사우루스는 **검룡류** 중 가장 크며 세계 곳곳에서 찾을 수 있는 공룡이다. 초식 조반류로, 꼬리에 달린 '타고마이저'라고 불리는 뾰족한 뿔 뭉치를 이용하여 포식자로부터 몸을 방어했다. 등에 달린 커다란 판은 혈관이 많아 붉게 변하기 쉬웠는데, 더워지거나 짝짓기 대상을 유혹할 때 특히 붉어졌다. 햇볕에서 열을 흡수하거나 차가운 바람에는 열을 발산하는 방식으로 체온을 조절했을 것이다.

스테고사우루스, 9m

1억 5천4백만 년 전

디플로도쿠스는 32m까지 자라기도 했다.

1억 5천4백만 년 ~1억 5천2백만 년 전

매우 유명한 공룡인 디플로도쿠스는 북아메리카의 서쪽에 살던 커다란 용각류 중 하나이다. 디플로도쿠스, 카마라사우루스, 브론토사우루스, 아파토사우루스는 모두 같은 지역에 살았음에도 각각 이빨이 달라 서로 다른 식량 전략을 취했다. 다 자랐을 때의 몸 크기가 엄청난 덕분에 포식자로부터 안전할 수 있었다.

· 모리슨 지층 ·

모리슨 지층은 1억 5천6백만 년~1억 4천7백만 년 전의 화석이 풍부한 지역이다. 미국 서부와 캐나다를 가로지르며, 가장 유명한 공룡들이 살았다. 1870년대부터 시작된 발굴 작업은 공룡에 대한 흥미를 불러일으켰다. 가르고일레오사우루스, 스테고사우루스, 아파토사우루스, 브론토사우루스, 디플로도쿠스, 카마라사우루스, 알로사우루스, 토르보사우루스의 화석이 발굴되었다. 모리슨 지층은 1백50만㎢에 달하는데 발굴된 화석은 아주 일부이고, 나머지는 여전히 묻혀 있다.

1억 5천4백만 년~1억 5천만 년 전

가르고일레오사우루스는 **안킬로사우루스의** 일종인데, 무거운 몸으로 쪼그리고 앉았으며 뼈로 된 무기와 추가로 덮인 뿔이 특징이다. 낮게 자란 풀 사이를 훑으며 돌아다녔지만 뿔 덮개가 보호해 준 덕분에 수각류라도 이들을 공격하기가 힘들었다.

가르고일레오사우루스, 3.5m

1억 5천1백만 년 전

수각류가 모두 크지는 않았다. 콤프소그나투스는 **아주 작은 수각류**로 무척추동물과 아주 작은 새끼 파충류를 먹었을 것이다.

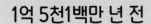

콤프소그나투스,
1m 길이

프테로닥틸루스,
날개 길이 1m

1억 5천1백만 년~1억 4천8백50만 년 전

프테로닥틸루스는 **짧은 꼬리의 익룡**으로 유럽의 섬에 살았다. 이빨로 보아 육식 동물이었음을 알 수 있다. 작은 무척추동물을 먹었을 것이다.

1억 4천5백만 년 전

초기의 조류는 날개에 발톱이 있었고 뼈가 꼬리까지 길게 이어졌다.

1억 4천6백만 년 전

직경 5~10km의 **소행성**이 현재 아프리카의 칼라하리 사막에 충돌해서 75~80km 너비의 구멍을 남겼다.

1억 5천1백만 년~1억 4천8백50만 년 전

조류는 쥐라기 말과 초기 백악기에 작은 수각류 공룡에서 진화했다. 시조새(아르카이오프테릭스)는 **공룡과 조류의 경계**에 속한다. 현대의 조류와는 겹치지 않는 공룡의 특징이 많았는데, 예를 들면 길고 뼈로 된 꼬리, 날개에 있는 발톱, 부리 속에 있는 이빨이 그렇다. 하지만, 깃털이 있고 날 수 있다는 점에서 새와 같았다.

1억 5천만 년 전

현대의 나비와 날개의 '안점'이 거의 정확히 똑같아 보이는 곤충이 초기 꽃에서 꿀을 빨아들여 식물의 수분을 도운 듯하다. 실제 나비는 이후 5천만 년 후에나 진화했고, 닮아 보이는 이 곤충은 **풀잠자리**의 한 종류였다.

1억 4천5백만 년 전

쥐라기 끝 무렵과 백악기의 시작 무렵부터 **멸종 사건**이 2천5백만 년 이상 연이어 일어났다. 이 기간 조류는 빠르게 진화했고 익룡은 새로운 종류가 등장하는 등의 변화가 있었다. 소행성의 충돌과 화산 폭발이 대멸종의 원인으로 보인다.

비슷하게, 혹은 다르게

서로 관련이 없는 생명체들이 수렴 진화 과정을 통해 비슷한 모양으로 발달하기도 했어요. 반면 서로 똑같이 시작한 생명체가 두 집단으로 나뉘기도 했는데, 특질이 서로 달라지며 아예 다른 종이 되어 버렸지요.

비슷하게 변화

생명체는 환경에 도전하거나 압력을 받으며 진화해요. 진화의 과정은 계획이나 목표를 두고 이루어지지는 않지만, 살고 있는 조건에 잘 적응하면, 덜 적응한 생명체에 비해 더 잘 살아남고 번식할 수 있지요. 시간이 지나면 **생명체에 가장 적당한 특질들이 여러 종에게서 흔하게 나타나요.** 예를 들어, 눈이 오는 지역에 사는 동물들에게는 흰색의 털이 나타나죠. 털색이 어두우면 먹이를 쫓거나 포식자로부터 숨기가 어렵기 때문에 시간이 흐르면서 다들 비슷하게 진화한 거예요. 흰색 동물들이 더 잘 살아남고 번식했으므로, 흰색 털의 유전자가 미래 세대에게 대물림됐어요.

유선형으로 진화

같은 방식으로, **물에 사는 동물들은 종종 유선형의 모양으로 발달해요.** 모든 동물이 개별적으로 결국 유선형에 도달했는데, 그 특질이 주어진 환경에서 가장 잘 작동하기 때문이에요. 이크티오사우루스와 고래는 끊임없이 어류의 모습과 비슷하게 진화했어요. 트라이아스기의 파충류 굴로사우루스는 해양 포유류이면서 고래의 조상으로, 4천1백만 년~3천4백만 년 전 살았던 바실로사우루스와 유사한 몸, 물갈퀴, 꼬리 모양으로 진화했지요.

굴로사우루스. 1.5m 길이로, 2억 5천만 년 전에 살았으며 파충류였다.

바실로사우루스. 5~20m 길이로, 4천만 년 전에 살았으며 포유류였다.

발사!

하늘을 나는 포유류는 특정 상황에서 **나무 사이를 날기 위한 피부막**이 진화했어요. 볼라티코테리움, 에오미스, 그리고 현대의 슈가글라이더는 모두 피부막으로 날았지요.

에오미스는 2천5백만 년 전에 살았다.

볼라티코테리움은 1억 6천4백만 년 전에 살았다.

남아메리카와 아프리카가 분리되면서 각 대륙에 남은 코끼리의 조상들은 남아메리카에서는 마스토돈으로, 그리고 아프리카에서는 현대의 코끼리로 진화했다.

다르게 변화

친족 관계였던 생명체가 **다양하게 분화**하기도 했어요. 이 또한 환경의 영향이었죠. **종 분화**(한 종에서 새로운 종이 분할돼 나오는 것)는 대개 산맥이나 바다와 같은 지리적 장벽으로 일어났어요. 판게아가 갈라짐으로써, 한때 광활한 대지를 돌아다닐 수 있었던 동물들이 이제는 바다에 둘러싸인 아주 작아진 땅 위에, 무리가 흩어져 살게 되었어요. 서로 분리된 삶의 공간으로 들어가면, 기후와 먹이가 다르고, 피해야 할 포식자도 달라져요. 둥지를 짓거나 굴을 파는 등 다른 방식으로 삶의 공간을 마련해야 하지요. 그러면서 자신이 사는 지역에 적합한 특질로 변하기 시작해요. 시간이 지나면 뚜렷이 다른 종으로 점점 더 달라져요.

판과 뿔

검룡류는 현재의 중국 땅에서 처음으로 진화했어요. 북쪽 땅이 여전히 하나의 대륙일 때 전 세계에 퍼졌다가, 땅이 분리되자 **분리된 지역의 스테고사우루스가 각각 다르게 진화**했지요. 쥐라기 후기에는 서로 다른 스테고사우루스가 됐어요. 아프리카에는 켄트로사우루스(1억 5천2백만 년 전), 북아메리카에는 스테고사우루스(1억 5천5백만 년~1억 4천 5백만 년 전), 영국에는 다센트루스(1억 5천4백만 년~1억 5천만 년 전), 중국에는 투오지앙고사우루스(1억 5천7백만 년~1억 5천4백만 년 전)가 퍼졌어요.

켄트로사우루스. 4.5m 길이로, 어깨에는 커다란 뿔, 등에는 뾰족한 판이 있었다.

스테고사우루스. 9m 길이로, 더 컸지만 덜 뾰족뾰족했다.

1억 4천4백만 년~1억 1천6백만 년 전

1억 4천4백만 년 전에 시작된 백악기는 덥기도, 춥기도 했어요. 1억 2천만 년 전까지는 얼음이 남극 대륙을 뒤덮을 정도로 기온이 떨어졌지요. 판게아는 계속 갈라졌고 남아메리카와 아프리카 사이에 대서양이 열렸어요. 꽃이 피는 식물과 조류가 땅에서 진화했고 바닷속 생물들의 균형도 완전히 달라졌지요. 뼈가 있는 어류가 더 많아졌고 상어와 백악기 해룡이 최고 포식자로 떠올랐어요.

1억 3천만 년~1억 2천만 년 전

최초의 꽃피는 식물(속씨식물)은 몬체치아로, 유럽 호수의 얕은 물에서 살았다. 속씨식물은 점차 땅에서 자라나 약 1억 1천3백만 년 전까지 더 흔해졌고 개체수도 많아져, 곧 전 세계로 퍼져 나갔다.

· 콕콜리투스 ·

콕콜리투스라 불리는 해조류는 쥐라기와 특히 백악기의 따뜻한 시기에 번창했다. 인간의 머리카락 두께보다 가늘며, 산소를 만들고, 탄산 칼슘으로 된 아주 작은 껍데기 안에 이산화 탄소를 가두는 필수적인 기능을 수행했다. 잉글랜드 남부 도버의 화이트 클리프는 이들의 껍데기로 조성되었으며 백악기라는 이름도 흰 껍데기로 만들어진 돌이라는 뜻에서 지어졌다. 콕콜리투스는 여전히 우리와 함께 살고 있다.

아케프룩투스. 중국의 속씨식물로, 아마도 1억 2천5백만 년 전 물속에서 자랐을 것이다.

1억 4천4백만 년 전

바리오닉스. 7.5~10m 길이로, 물고기를 먹었던 최초의 공룡으로 알려져 있다.

1억 3천만 년~1억 2천5백만 년 전

바리오닉스는 다른 수각류와 달리 **악어를 닮은 주둥이와 이빨, 주둥이 뒤쪽까지 길게 나 있는 콧구멍, 머리 위쪽에 달린 눈**이 있다. 이러한 특질들로 보아 물속을 다니며 물고기를 먹었다는 것을 알 수 있다. 땅에서 보내는 시간도 많았고, 땅에서는 새끼 공룡을 포함한 작은 파충류를 먹은 듯하다. 30cm에 달하는 크고 구부러진 발톱이 있었는데, 둑에 서서 물고기를 낚아챌 때 사용했을 것이다.

1억 3천만 년~1억 2천2백만 년 전

제훌 생물군의 화석이 중국 일부 지역에 묻혀 있다. 화석층은 최초의 꽃피는 식물, 익룡, 깃털이 있는 공룡, 포유류, 초기 조류, 곤충, 달팽이, 거미, 거북, 양서류, 어류를 포함하는 모든 생명체와 함께 전체적인 생태계를 보여 준다. 공룡은 용각류, 수각류, 곡룡류를 포함한다.

1억 2천9백40만 년~1억 2천2백50만 년 전

아마르가사우루스는 전형적인 용각류가 아니었다. 대다수 용각류에 비해 목과 몸이 짧았고, 머리와 목을 따라 **두 줄의 기다란 가시털**이 달려 있었는데 가장 긴 것은 60cm 길이였다. 피부가 결합해 돛과 같은 형태로 자란 듯하다. 가시는 포식자의 공격을 막고, 다른 아마르가사우루스를 유혹하거나 혹은 접근하지 못하게 하는 데 쓰였을 것이다.

아마르가사우루스, 9~10m 길이

1억 2천6백만 년 전

이구아노돈은 세계에서 발견된 **이구아노돈과**에 속한 공룡의 한 무리이다. 무리를 지어 초목 사이를 돌아다닌 커다란 초식 동물이었으며 엄지의 뿔은 가지를 입 쪽으로 잡아당기는 데 사용된 듯하다. 세계에서 두 번째로 발견되어 이름이 붙은 공룡이다.

1억 2천5백만 년~1억 2천3백만 년 전

15cm에 불과한 시노델피스는 나무의 곤충과 애벌레를 잡아먹으며 중국에서 살았다. **최초의 유대목**으로 알려져 있다. 유대목 동물은 아주 작고 부분적으로 완성된 새끼를 낳았는데, 어미 몸의 주머니에서 우유를 마시며 완전히 자라난다.

1억 2천5백만 년~1억 2천3백만 년 전

대략 오소리 크기인 약 1m의 레페노마무스는 공룡을 먹었다고 알려진 유일한 포유류이다. 어떤 화석에는 뱃속에 한 무리의 프시타코사우루스가 들어 있었다!

1억 2천4백60만 년 전

코우딥테릭스는 긴 다리와 뾰족한 부리, **깃털이 있는 공룡**이다. 현대의 로드러너처럼 빠르게 달렸으며 날개와 꼬리에 솜털 같은 깃털 기둥이 있었지만 날지는 못했다. 수각류로서는 특이하게 식물과 씨앗을 먹었고 때때로 작은 동물이나 곤충을 잡아먹었을 것이다. 다른 깃털 공룡들과 함께 살았다.

코우딥테릭스. 1m 길이로 공룡과 조류의 경계에 있었다.

1억 1천6백만 년 전

1억 2천6백만 년 ~1억 1백만 년 전

프시타코사우루스는 트리케라톱스와 같은 초기 **각룡**이다. 단순한 뿔이 머리 양쪽에 있지만 주름 장식은 없다. 앵무새 같은 주둥이로 식물을 자르고 견과류와 씨앗을 으깰 수 있었다. 화석에 따르면 기다랗고 빳빳한 털이 꼬리 위쪽에서 자라났다. 꼬리털의 용도는 알 수 없다.

프시타코사우루스는 화석이 많은데, 이들이 살았던 중국에서는 흔했던 동물임을 말해 준다. 2m 길이까지 자란다.

1억 2천6백만 년 ~1억 2천4백만 년 전

깃털이 있는 공룡의 화석이 중국에서 여럿 발견되었다. 이들은 모두 수각류이며 대다수가 매우 작았다. 그중 하나가 시노사우롭테릭스로, 발견된 것 중 **깃털이 달렸으나 새가 아닌 최초의 공룡**이다. 화석에 보존된 화학 성분을 통해 알아낸 바에 따르면 기다란 꼬리에 어둡고 밝은 깃털이 섞인 무늬가 있었을 것이다.

시노사우롭테릭스, 1m 길이

7~8.3m의 오우라노사우루스. 부리에는 이빨이 없고 입 뒤쪽으로 씹는 이빨이 여러 개였다.

1억 2천5백만 년 ~1억 1천3백만 년 전

오우라노사우루스는 등에 피부의 일부인 커다란 돛과 근육이 있는 아프리카의 **조각류** 공룡이다. 오리너구리와 비슷한 입은 북아메리카에 있는 하드로사우루스의 입과도 닮았다.

깃털을 달다

6천5백50만 년 전, 백악기 말 재앙으로 인한 멸종 사건에도 살아남은 공룡이 한 종류 있어요. 맹금류 혹은 드로마에오사우루스의 일종인 작고 깃털이 있는 수각류였지요. 조류는 이들로부터 곧장 진화했어요.

공룡에서 조류로

작고 깃털이 있는 공룡의 화석은 중국에서 많이 발견되었는데, 가장 작은 공룡인 미크로랍토르도 여기 포함돼요. 날개가 네 개 달렸는데, 팔과 다리에 모두 깃털이 있었어요. 발톱은 날개에 있었고요. 전체가 뼈로 된 기다란 꼬리도 있었죠. 시조새(아르카이오프테릭스)처럼, 새와 공룡 사이의 경계에 있는 동물이었어요. 날개를 퍼덕여서 날았는지, 아니면 나무에서 단순히 뛰어내려 활주했는지는 알 수 없어요.

미크로랍토르는 시조새보다 2천5백만 년 후인 약 1억 2천5백만 년 전에 살았다.

콘푸키우소르니스는 조금 더 '새'에 가까웠어요. 미단골(새 꼬리의 날개깃이 붙어 있는 뒤쪽 부분)이 있었지만, 날도록 도와줄 만한 기다란 꼬리 깃털은 없었던 것 같아요. 대신에 짧고 솜털로 뒤덮인 깃털과, 짝짓기 상대를 유혹할 때 썼던 리본 같이 긴 깃털이 두 개 달려 있었어요.

콘푸키우소르니스. 날개 길이 70cm로 회색과 검정 그리고 빨강 혹은 갈색의 깃털이 있었다.

과학자들은 7천만 년 전에 살았던 라호나비스가 공룡인지 조류인지, 그리고 날 수 있었는지 여전히 논쟁을 벌이고 있다. 70cm 길이로 자랐다.

공통 선조

새들이 깃털 공룡을 대신하지는 않았어요. 이 두 종류의 동물은 다른 공룡들이 사라질 때까지도 나란히 함께 살았지요. 진화학에 따르면 '공통 선조'라는 한 종류의 생명체에서 둘 이상의 구분된 길을 선택한 자손들이 나와요. 따라서 어떤 한 종류의 깃털 공룡이 새와 이후의 깃털 공룡의 조상이었을 거예요. 한 길을 따라가 보면, 꼬리에 있던 뼈, 부리에 있던 이빨, 날개에 있던 발톱을 잃고 오늘날 우리가 새라고 인식하는 모양이 된 동물이 있어요. 또 다른 길을 따라가 보면, 깃털은 유지하고 절대 날려고 하지 않았으며, 파충류의 생활 방식을 따른 동물이 있지요. 공통 선조는 이 두 방향으로 진화할 수 있었던 특질들을 모두 갖고 있었고요. 과학자들은 생명체끼리 관련성을 파악할 때, 대개는 공통 선조들이 지녔을지도 모르는 특질들을 찾아요.

타조는 2.75m까지 자라나고 시속 70km로 달릴 수 있다.

날지 않기로

때때로 진화는 뒤로 가는 듯도 해요. 현대 타조의 발은 수각류 공룡의 발과 매우 닮아 보여요. 타조는 날지 못하고 목, 머리, 다리에는 깃털이 별로 없죠. 새보다는 공룡과 더 닮았어요! 헤스페로르니스는 백악기 후기에 살던 **날지 못하는 새**예요. 현대의 펭귄이 그렇듯 나는 것을 포기하고 대신 물속에서 헤엄치는 데 날개를 사용했지요.

헤스페로르니스. 1.8m로, 8천3백50만 년 ~7천8백만 년 전에 살았다.

깃털과 날개

깃털과 날개는 새들이 날 수 있기 오래전부터 진화했어요. 최근 발견에 따르면 깃털의 최초 형태는 2억 5천만 년 전에, 공룡과 조류가 공통 선조에게서 분리되기 전 악어의 조상에게서 나타났다고 해요. 익룡에게 깃털과 관련된 듯한 솜털이 있었다는 사실, 그리고 몇몇 수각류가 아닌 공룡들에게서 깃털의 형태가 나타났다는 사실이 이를 뒷받침하지요. 깃털은 아마도 체온을 따뜻하게 유지하거나 둥지에 앉아서 알을 감싸는 용도였을 거예요. 밝은 색깔은 잠재적 짝짓기 상대의 눈에 띄었을 수도 있어요.

깃털은 단순하고 가는 실로 시작되었다가 후에 여러 가닥의 실로, 나중에는 오늘날처럼 깃털을 모아 주는 미늘이 있는 형태로 진화했다.

1억 1천5백만 년~8천1백만 년 전

9천만 년 전, 기온이 올라 지구의 온도는 오늘날보다 약 10℃ 높았고, 대기 중에 이산화 탄소 농도가 짙었어요. 바다는 거의 목욕물 온도에, 해수면은 현재보다 200~300m 높았으며, 오늘날 육지의 많은 부분이 아직 물에 잠겨 있었지요.

1억 1천5백만 년~1억 8백50만 년 전

3m 길이의 드로마에오사우르인 데이노니쿠스는 **깃털**이 있었을 것이다. 각 뒷다리에 거대한 낫 모양의 발톱이 달린 것으로 유명하다. 발톱 덕분에 걸을 때 발을 떼기 쉬웠고 먹이의 뒷목을 발톱으로 찌르기도 했을 것이다. 무리 지어 사냥한 듯하다.

데이노니쿠스는 뻣뻣하고 막대 같은 꼬리를 지녔는데, 달릴 때 균형을 잡고 방향을 따라 움직일 때 도움이 되었다.

레아엘리나사우라, 1.5m 길이

1억 1천3백만 년~1억 1천만 년 전

레아엘리나사우라는 남극 가까이에 살았다. 지금처럼 춥지는 않았지만, 길고 어두운 겨울이 이어지던 곳이다. **빛이 적은 곳에서 살아가기에 적합한 커다란 눈**이 있었다.

1억 1천5백만 년 전

1억 1천5백만 년~1억 8백50만 년 전

사우로펠타는 노도사우르였는데, 몸속에 내장된 **뼈 판**이 몸을 보호한다. 일부 판은 목의 양쪽을 따라 두 줄로 난 **거대한 못**처럼 진화해 데이노니쿠스와 같은 포식자들의 공격으로부터 지켜 주었다.

5m 길이의 사우로펠타. 낮게 자란 풀밭을 돌아다녔다.

오르니토케이루스. 날개 길이는 5m이며, 물고기를 잡기에 적합한 배열의 이빨이 있는데, 입 앞쪽으로 겹쳐지는 아주 긴 이빨로 '물고기잡이'라고 불린다.

1억 5백만 년~1억 년 전

익룡인 오르니토케이루스는 특이하게 턱과 머리 꼭대기와 아래에 볏이 달려 있었다. 유럽 바다의 수면에서 물고기를 낚아채는 방식으로 사냥해 잡아먹었다.

1억 1천3백만 년~1억 년 전

온코프리스티스는 오늘날의 **톱상어**와 같은 물고기이다. 끝에 못이 달린, 기다란 부리 같이 돌출된 모양이 코 앞쪽으로 튀어나와 있는데, 최대 2m로 전체 몸길이의 4분의 1에 달한다. 온코프리스티스는 이 부분을 물고기 쪽으로 빠르게 움직여 못으로 찔러 먹이를 죽였다.

1억 1천2백만 년 전

오늘날까지도 살아 있는 가장 놀라운 식물이 백악기에 나타났다. 벨빗치아의 줄기는 높이 30cm밖에 되지 않지만, 너비는 140cm에 달하는데, 여기서 **거대한 이파리 두 개**만이 자라난다. 이파리들은 4m 길이까지, 서로 쪼개져 리본 모양의 끈으로 자란다. 이 식물은 1천 년 이상 살 수 있다.

1억 5백만 년 전

초기 **단공류**인 스테로포돈은 현재 오스트레일리아의 땅에 살았고, 오늘날의 오리너구리와 유사한 생활 방식이었던 듯하다. 물 근처에 살았는데, 악어의 공격에 취약했을 것이다.

약 40~50cm 길이의 스테로포돈은 당시 크기가 큰 포유류 중 하나였다.

9천3백만 년~8천5백만 년 전

암모나이트는 공룡의 시대에 흔했지만, 이 시기의 끝으로 갈수록 일부는 모양이 복잡해졌다. 니포니테스는 깔끔한 고리가 아닌 얽히고설킨 모양의 껍데기가 있었다.

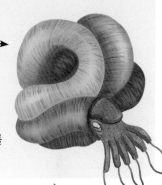

니포니테스는 헤엄치기에 좋은 모양은 아니었다. 해파리처럼 물속에 떠서 지나가는 먹이를 기다렸을 것이다.

9천5백만 년 전

오릭토드로메우스는 **땅굴을 판 최초의 공룡**인 듯하다. 약 2m의 길이로 작으며, 달리기가 빠른 초식 동물로 북아메리카에 살았다. 포식자로부터 보호하기 위해 굴에서 새끼를 키웠을 것이다.

8천1백만 년 전

스피노사우루스. 12~18m 길이로, 유연한 꼬리로 이리저리 수영하며 이동했다.

9천만 년 전

이크티오사우루스는 바닷물 속 산소가 부족해지자 **사라졌다.**

9천9백만 년~9천3백50만 년 전

유일하게 **헤엄치는 공룡**으로 알려진 스피노사우루스는 거대하고 사나운 수각류로, 대체로 아프리카의 강에서 물고기를 먹이 삼아 살았다. 뼈로 된 돌출부가 떠받치는 거대한 혹이나 돛을 지녔는데, 크기가 165cm에 달했다. 특히 차가운 물에서 시간을 많이 보내야 하는 이 공룡의 체온을 조절하는 데 도움이 됐을 것이다. 혹은 경쟁자를 위협하거나 장식용으로 짝짓기 상대를 유혹하는 용도였을 수도 있다. 만약 혹이라면, 음식을 저장해야 하는 시기에 지방을 저장하는 역할을 했을 것이다.

8천3백만 년~6천5백50만 년 전

모사사우루스는 **커다란 해양 파충류**로 또 다른 해양 파충류를 먹었을 것이다. 빠르게 헤엄치지는 못했고, 수면에 숨어 있다가 숨을 쉬러 나오는 먹이를 낚아챘다. 종류가 많았고, 어떤 것은 조류와 어류를 먹었다.

모사사우루스, 15~18m 길이

8천만 년~6천5백50만 년 전

이전에는 섬이었던 인도가 백악기 말기에 북쪽으로 이동해 아시아와 충돌했어요. 즉각 거대한 화산 폭발이 일어나며 데칸고원에서 터져 나온 용암이 인도의 많은 부분을 덮어 버렸지요. 이 폭발은 공룡 멸종의 주된 원인으로 지목되어 왔고 분명, 기후에도 엄청난 영향을 끼쳤어요.

8천50만 년 전

엘라스모사우루스는 다른 수장룡들에 비해 **긴 목**을 지녔다. 목은 뻣뻣하고 대개는 좌우로 흔들렸다. 물 아래에서 물고기 떼에게 다가갔을 것이다. 길고 얇은 이빨이 입 밖으로 튀어나와서 맞물리며 먹이를 찌르고 가두었다. 뻣뻣한 물갈퀴는 땅 위에서 이동할 때는 쓸모가 없었다.

엘라스모사우루스,
13~14m 길이

7천5백만 년~7천1백만 년 전

벨로키랍토르는 몽골에 살았던 작고 빠른 수각류이다. 뒷다리의 사나운 발톱으로 먹이의 급소를 찔렀다. 깃털로 덮여 있었으나 날 수는 없었던 벨로키랍토르는 적어도 **부분적으로는 온혈 동물**이었다. 온혈 동물만이 깃털이나 털을 이용해 몸을 따뜻하게 할 수 있었는데, 에너지를 사용해 체온을 조절할 수 있었다.

8천만 년 전

7천6백70만 년 전

조각류(오리주둥이 공룡) 마이아사우라는 **새끼를 보살폈다.** 북아메리카에서 화석화된 둥지 자리는 성체, 새끼와 알이 든 채 보존되어 있다. 어른과 함께 있는 새끼의 존재는 새끼가 알을 깨고 나오면 어른이 먹이고 보살폈다는 것을 뜻한다.

테리지노사우루스는
9~10m 길이에
키는 4~5m이다.

7천7백만 년~7천3백50만 년 전

조각류인 파라사우롤로푸스는 **머리 위에 커다랗고 속이 빈 볏**이 달렸다. 다른 파라사우롤로푸스들과 소통하기 위해 깊은 소리를 낼 때 볏을 사용한 듯하다. 암컷과 수컷의 볏이 미세하게 달라, 서로 다른 소리를 냈다는 사실을 알 수 있다.

파라사우롤로푸스,
9.5m 길이

7천만 년 전

역대 가장 **특이한 공룡**이라 할 수 있는 테리지노사우루스는 크고 아마도 깃털이 있었던 듯하며, 최대 1m 길이의 낫 모양 발톱을 지녔다. 보기에는 무서워 보여도 풀을 먹고 살았으며, 거대한 발톱으로 가지를 잡아당겨 입에 넣었다.

파키케팔로사우루스,
4.5m 길이

7천만 년~6천5백50만 년 전

파키케팔로사우루스는 머리 꼭대기에 **두꺼운 뼈로
이루어진 반구형 모양**이 있는데, 이는 짝짓기 상대나
영역을 두고 경쟁자와 박치기할 때 사용되었을 것이다.

6천8백만 년~6천5백50만 년 전

다부진 체격의 기갑 공룡인 안킬로사우루스는 낮게
자라나는 식물들을 부리로 잘랐다. 무겁고 넓은 몸이어서
포식자가 넘어뜨리기 어려웠고, 꼭대기와 옆면은 뼈 판과
뿔로 덮여 있었다. **꼬리 끝에 달린 거대한 곤봉**도 방어용
무기였는데, 뼈 판이 결합해 생성된 것이다. 포식자나 같은
종의 경쟁 상대에게 사용했을 것이다.

6m 길이 안킬로사우루스. 꼬리에 있는
뼈는 꼬리 끝 곤봉을 휘두를 수 있게 해
주는 뻣뻣한 줄로 연결되었다.

6천5백50만 년 전

6천8백만 년~6천5백50만 년 전

트리케라톱스는 눈에 띄는 **목장식과 뿔 세 개**를 지녔는데,
다른 트리케라톱스와 몸싸움을 할 때도 사용했을지 모르지만,
주로 뽐내는 용도였을 것이다. 몸의 일부에는 짧고 뻣뻣한
털이 자라났다. 부리를 이용해 가지를 잡아당겨 입안의 뒤쪽
씹는 이빨로 가져갔다.

티라노사우루스 렉스는 몸길이 12m,
두개골이 1.5m까지 자랐을 것이다.

6천8백만 년~6천5백50만 년 전

역대 가장 유명한 공룡인 티라노사우루스 렉스는 공룡의 시대 끝 무렵에
살았다. 바나나 크기의 이빨로 작은 동물들뿐 아니라 또 다른 거대
공룡들을 먹을 수 있었다. 먹잇감의 목과 등을 물어 죽였을 것이다.

· 헬 크릭 지층 ·

북아메리카에서 가장 유명한 공룡 화석은 헬 크릭 지층에서 발견되었다.
화석 중에는 백악기 말기의 안킬로사우루스, 트리케라톱스, 티렉스,
파키케팔로사우루스가 있다. 이곳에는 엄청난 양의 식물 화석도
보존되었는데 목련의 초기 형태와 과일, 꽃 피는 식물을 포함하며,
공룡이 살았을 때 범람원의 환경 또한 보여 준다.

트리케라톱스는 9m 길이로, 두개골이 전체
몸길이의 거의 3분의 1을 차지했을 수 있다.

갑작스러운 종말

공룡의 시대는 갑자기 막을 내렸어요. 대부분 대멸종은 수천 년 혹은 수십만 년에 걸쳐 퍼져 나간 반면, 6천5백50만 년 전 백악기 말엽의 재앙은, 거대한 소행성(우주에서 온 암석)이 지구와 충돌한 게 원인이었어요. 북반구의 어느 봄날 하루 만에 일어난 일이었지요. 결과는 엄청나게 파괴적이었으며 수년 동안 이어졌어요.

충돌!

에베레스트산보다 큰 직경 약 10km의 **소행성**이 멕시코 해안을 강타했어요. 우주에서 시속 72,000km의 속도로 돌진한 소행성은 너비 180km의 거대한 구멍을 냈지요. 이때, 그보다 작은 소행성 무리가 아프리카에도 떨어졌을 수 있어요. 충돌로 발생한 에너지는 원자폭탄 10억 개보다 강력했으며 워낙 뜨거워서 소행성은 즉각 가스로 변했어요. 충돌 지점의 바위와 바다에도 같은 일이 일어났지요. 순간 열기가 표면으로 퍼지면서 충돌 지점으로부터 아주 먼 곳에서도 불이 나기 시작했어요.

재앙

충돌이 일어난 곳에서 1,450km 이내의 모든 생명이 곧바로 죽었어요. 높이가 거의 1.6km에 달하는 엄청난 쓰나미(거대한 파도)가 내륙 먼 안쪽까지 덮쳐 삼림을 파괴했고요. 지구를 관통하는 충격파는 충돌 지점에서 아주 먼 곳까지 재난에 준하는 **지진과 쓰나미**를 일으켰어요. 공기는 녹아내린 암석 입자로 가득 찼고, 다시 굳어진 알갱이, 유독 가스, 그리고 산성비가 뒤를 이었어요. 충돌 이후 몇 분, 몇 시간 안에 북아메리카는 어둡고 맹렬한 열기로 가득해졌어요. 티라노사우루스 렉스와 트리케라톱스와 같은 공룡들이 최전선에서 죽어 갔어요. 전 세계에 돌 같은 비가 퍼부었고 공기는 뜨거워졌으며 여기저기에서 불이 일어났어요. 지구의 어디에도 안전한 곳은 없었지요.

뜨거움에서 차가움으로, 다시 뜨거움으로

즉각적으로 일어나 폭풍처럼 번지던 불은 수년에 걸친 **극한 추위**에 자리를 내주었어요. 공기가 재와 먼지로 가득해져, 태양으로부터 오는 빛과 열을 막아 버리면서 기온이 떨어진 거예요. 먼지가 가라앉은 뒤에도 화학 성분은 연무(떠있는 작은 물방울) 형태로 공기 중에 남아 태양의 열기를 막으며 지구는 계속 차가워져 갔어요. 평균 기온이 25℃ 이상 떨어질 정도로 급락했어요. 열대 지방의 기온도 5℃에 머물렀고, 대다수 지역에서는 어는 점 이하로 떨어졌지요. 어는 점 이하의 평균 지구 기온이 3~16년간 이어졌고 기후가 회복되는 데에는 30년이 더 필요했어요.

그 사이에 충돌 이전보다 **더 높은 기온**일 때가 있었는데, 재난에 의해 발생한 이산화 탄소가 공기 중에 더해지며 온실 효과를 일으킨 탓이었어요. 가두어진 열기가 지구를 재난 이전보다 더 뜨겁게 달궜지요.

먹을 것이 없는 지구

빛의 부족과 열기가 **동식물을 죽였어요**. 식물이 죽자 먹이가 사라진 초식 동물이 곧 죽음을 맞이했지요. 육식 동물들은 잠시나마 동족을 먹고 버텼지만 초식 동물이 사라져 그들 역시 식량 부족에 시달렸어요. 바다에서는 해류와 기온이 엉망이 되어 플랑크톤이 죽으면서 모든 먹이 사슬이 붕괴되었어요. 전체 종을 통틀어 대략 4분의 3이 죽었지요. 땅에서는 공룡과 익룡, 바다에서는 암모나이트, 수장룡, 모사사우루스가 사라졌어요. 10년 동안 지구 곳곳은 어둠 속이었어요. 아마도 지하나 동굴 안에서 위험을 피할 수 있었던 작은 동물들만이 죽은 동물이나 씨앗을 먹으며 살아남았을 거예요. 땅에 묻힌 씨앗은 열과 빛이 되돌아올 때까지 싹을 틔우지 못했어요.

chapter 5

포유류의 차지

6천5백만 년 전의 소행성 충돌은 지구를 초토화했고, 지구는 10년
이상의 어두운 겨울을 보냈어요. 하지만 모두가 죽지는 않았죠.
살아남은 동식물이 삶의 회복을 가능케 했어요. 마침내 하늘에서
떨어지던 그을음이 멈추자, 햇빛이 비추며 기온이 상승하고 씨앗에서
싹이 텄어요. 곤충, 작은 포유류, 악어, 거북, 뱀, 새 등 숨어 있던 몇몇
동물들이 나와 다시 번창하기 시작했지요. 삶의 공간이 텅 비어서
살아갈 만한 땅과 바다는 얼마든지 있었어요. 생물은 퍼지고 번식하고
적응하며 더욱 다양해졌어요. 지구가 치명적인 소행성 충돌 이전
수준의 다양성을 회복하기까지는 수백만 년이 걸렸을 거예요. 그러나,
삶에 속도가 붙으며 날지 않는 공룡, 나는 파충류, 많은 해양 파충류가
떠난 빈자리를 진화로 재빠르게 채워 나갔어요. 유일하게 살아남은
공룡인 조류는 오늘날에도 우리와 함께 살고 있고, 공룡의 다리
사이로 내달리던 아주 작은 포유류가 지구를 지배하게 되었답니다.
지금은 5,500종의 포유류가 지구상에 존재하며, 우리 인간도 그중
하나예요.

6천5백50만 년~5천6백만 년 전

북아메리카와 남아메리카가 세계의 한쪽에서 결합해 가는 사이, 넓어진 대서양의 한쪽에 살던 몇몇 영장류가 나무에서 내려오기 시작했어요. 이렇듯 초기 인간의 조상은 숲과 평야에 있던 다른 동물들과 다르지 않았지요.

• 살아남은 동물 •

대멸종이 있기 전 살았던 몇몇 생명체는 새로운 다른 세계에서 살아남고 번창했다. 바다에는 조기(빗살 지느러미) 어류가 가장 많아졌다. 민물과 해양 거북은 끝까지 잘 살아남았고, 양서류 또한 생존했다.

악어를 닮은 보레알로수쿠스는 2.8m 길이로, 7천만 년 전 처음으로 등장해 4천8백만 년 전까지 살아남았다.

거북 악세스테미스는 단단한 껍데기가 아닌 가죽 같은 피부를 가졌다. 백악기 후기에서부터 4천5백만 년 전까지 살아남았다.

6천5백50만 년 전

6천5백50만 년 전

광활한 땅은 이때도 **현재의 자리에 있지 않았다.** 북아메리카와 남아메리카는 아직 연결되지 않았고 오스트레일리아는 남극에 가까이 있었으며 유럽은 현재보다 북아메리카와 더욱 가까웠다. 물론 동물들이 세계를 돌아다니는 데는 제한이 있었다. 지구의 평균 온도는 현재보다 훨씬 따뜻한 24~25℃였다.

6천5백50만 년 전 광활한 땅의 자리

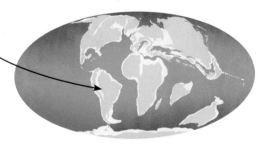

6천5백만 년 전~현재

거대한 침엽수인 메타세쿼이아는 40m 높이까지 자랐다.

6천2백만 년~5천5백만 년 전

최초의 물새에 속하는 프레스비오르니스는 긴 다리에 거대한 거위 모양 새이다. 무리 지어 살며 호수와 강에 뛰어들어 부리를 이용해 물에서 먹이를 걸러 낸다.

프레스비오르니스, 1.5m

6천5백50만 년 전

대멸종이 일어난 거의 직후, **양치식물**이 다시 자라기 시작했다. 현재에도 산불 이후에는 양치식물이 가장 먼저 돌아온다.

6천1백50만 년~5천8백만 년 전

펭귄의 초기 형태인 와이마누는 펭귄과 바다쇠오리, 아비새 같은 다이빙 새 사이의 중간 모습이다. 수영에는 적합하지만 날지 못하는 날개가 있었다.

와이마누, 1m

6천만 년 전

이른 시기의 포유류는 곤충과 애벌레 같은 무척추동물을 먹었지만, 이제 다른 척추동물을 먹기 시작했다. 최초의 **육식 동물**은 고양이, 개, 족제비, 곰 가족의 조상이었다.

5천9백만 년 전

조기(빗살 지느러미) 어류가 바다에서 가장 흔한 어종으로 떠오르며 총기(엽상 지느러미) 어류를 광범위하게 대체했다.

원판 모양의 메네, 혹은 '배불뚝치'는 5천9백만 년 전 등장했다.

5천6백만 년~4천8백만 년 전

에오히푸스는 초기 **유제류**이다. 발굽 달린 동물을 유제류라고 한다. 최초의 유제류로부터 말, 코뿔소 등의 동물들이 진화했다. 에오히푸스는 낮게 자란 풀을 먹으며 살았지만, 일부 초기 유제류는 아주 초반에 고기를 먹기도 했다.

에오히푸스는 말의 초기 친족으로, 머리부터 어깨까지가 30cm였다.

5천6백만 년 전

6천만 년 ~5천8백만 년 전

이제껏 알려진 **가장 큰 뱀**은 티타노보아로, 남아메리카의 열대 우림에서 살았고, 13m 길이까지 자랐다. 아마 악어를 먹었을 것이다.

5천8백만 년~5천5백만 년 전

플레시아다피스는 가지를 쥐기에 적합한 긴 손가락을 지닌 포유류이다. 초기 **영장류**의 하나이거나 적어도 일부 관련이 있어 보인다.

플레시아다피스, 80cm

5천6백만 년~3천4백만 년 전

우인타테리움은 코뿔소 크기의 **커다란 초식 동물**로 **유제류**이다. 큰 송곳니로 뿌리를 파헤치거나 수중 식물을 모았을 것이다. 두개골 안이 굴곡져 뇌가 있을 자리가 적었기에, 뇌는 조금 작았다.

수컷 우인타테리움은 4m 길이로 뿔이 세 쌍 있으며, 짝짓기 상대를 유혹하거나 다른 수컷과 싸울 때 뿔을 사용했을 것이다.

가스토르니스는 성인 남자 정도 무게였던 듯하다.

5천6백만 년~4천5백만 년 전

날지 못하는 거대한 새인 가스토르니스는 서있을 때 키가 2m이다. 강력한 부리로 코코넛과 같은 견과를 부숴서 먹은 초식 동물이었던 듯하다.

그림자에서 살금살금 나온 포유류

최초의 포유류는 트라이아스기에 진화했지만, 공룡들이 군림하던 시기에 살던 포유류는 크기가 작았어요. 대다수가 나무에 살았고, 많은 경우 공룡이 돌아다니지 않는 밤에 활동했지요. 굴이나 나무에 살면 포식자로부터, 또 쿵쿵거리며 다니는 커다란 발로부터 보호받을 수 있었어요! 포유류는 거의 90%의 종이 죽은 대멸종의 영향을 가장 덜 받은 무리였어요. 공룡이 사라지고 성공적으로 남은 생존자들이었죠. 그 후 천만 년 이상 포유류는 빠르게 다양해졌고 몸집이 더 커졌어요.

오늘날의 다양한 포유류는 대멸종 이후 살아남은 아주 작은 포유류에서 진화했다.

현대 코끼리는 뻣뻣한 털이 드문드문 있을 뿐이고 뜨거운 지역에서 살지만, 매머드는 얼어붙은 환경에서 따뜻하게 살기 위해서 온몸을 털로 뒤덮기 시작했다.

포유류가 된다는 것

포유류는 **온혈 동물**이라는 점, **머리카락**이나 **털**이 있다는 점, 보통 **새끼**를 낳는다는 점, 새끼에게 먹일 우유를 생산한다는 점에서 진화의 출발인 파충류와 구분됐어요. 포유류는 또한 별도의 귀뼈 구조를 갖고 있었는데, 이는 턱의 변화로 발달한 부분이에요.

온혈 동물은 체온을 스스로 조절해요. 뱀이나 거북과 같은 냉혈 동물들은 태양 아래에서 몸을 데우고 겨울에는 활동하지 않지요. 또, 밤에는 좀 더 춥기 때문에 야행성이 될 수 없어요. 반면 온혈 동물은 머리카락이나 털로 체온을 유지해요. 따뜻한 기후에 사는 커다란 포유류는 쉽게 더워지므로 머리카락이 아주 적어도 괜찮지만요. 커지고 머리카락이 난다는 것은 포유류가 극단적인 추위에도 잘 살아남을 수 있다는 뜻이었어요.

최초의 포유류는 **알을 낳고**, 현대의 단공류 동물도 여전히 알을 낳아요. 하지만 현재 대다수 포유류는 **태반 보유 동물**로, 어미의 몸속에서 새끼를 키워요. 태반이라는 기관을 통해 새끼에게 영양을 공급하는데, 이 기관은 그러한 목적으로 생기고 새끼가 태어나면 버려지지요. 어미는 출산 후 새끼에게 먹일 우유를 생산해요. 고래와 돌고래처럼 물속에 사는 포유류도 마찬가지예요.

포유류의 먹이

최초의 포유류는 곤충과 작은 무척추동물을 먹었어요.
포유류가 더 많아지면서 곤충으로는 먹이가 충분하지 않자,
6천 년 전까지 **초식 동물**과 **육식 동물** 포유류로 나뉘게
돼요. 육식 동물은 파충류, 어류, 양서류, 조류, 그리고 다른
포유류를 먹기도 했지요. 오랜 기간 동안 육식 동물은 수가
많지 않았고, 많은 육식 동물이 먹이를 사냥하는 대신 죽은
동물들을 주워 먹었어요.

퍼가토리어스는 15cm 길이로, 6천5백만
년~6천3백만 년 전에 나무에서 살며
곤충을 먹었던 포유류다.

오케페이아. 30~70cm
길이로, 6천1백만
년~5천7백만 년 전
아프리카에서 살며
나뭇잎을 먹었다.

6천5백50만 년에서 6천만 년 전에 포유류의
이빨이 변화하며 식습관도 변했어요.
　　고기를 먹는 동물들은 날카롭고 뾰족한
　　　송곳니로 한입에 먹이를 죽이고, 자르는
　　　이빨로 뼈에서 고기를 발라냈지요.
　　식물을 먹는 동물들의 이빨도 먹는
　　방식에 적합하게 달라졌어요. 몇몇은
칼날 같은 이빨로 나뭇잎이나 나뭇가지 전체를 물었고, 질긴
초목을 가느다란 이빨로 씹는 종도 생겼죠. 갉거나 긁기에
적합한 이빨을 갖게 된 종도 있고요.

악토시온은 6천1백만 년~5천7백만 년 전에 살았는데 부분적으로
육식 동물이었다. 무거운 몸으로 천천히 다니며, 나무에 올라 먹이를
깜짝 놀라게 하여 공격했다.

물속에서

물로 돌아간 파충류가 있듯이, 몇몇 포유류 역시 **바다**로 갔어요.
오늘날까지 살아남은 고래와 돌고래는 4천9백만 년~4천7백만
년 전에 살았던 암블로세투스와 같은 원생 고래가 조상이에요.
이들은 파키스탄의 땅과 물에 살았던 개와 비슷한 동물에서부터
진화했지요. 해양 포유류는 여전히 공기로 숨을 쉬어야 하며
그러기 위해 수면으로 올라와야 해요.

고래와 돌고래는 다른 포유류와 생김새가
닮지 않았지만, 여전히 공기로 숨을 쉬며
새끼를 낳는다.

5천5백만 년~4천5백만 년 전

5천5백만 년 전까지 기후가 상당히 따뜻해졌어요. 과거 6천5백만 년 중에서 가장 따뜻했던 5백만 년의 시작이었지요. 남극에는 악어가, 알래스카에는 야자수가 있었어요. 유럽에는 맹그로브와 함께 커다란 우림이 조성됐고, 남쪽 잉글랜드까지 확장했어요. 북극 근처에도 나무가 있었고요. 열대 유역의 바닷물은 35℃로 목욕물과 비슷한 온도였어요.

페나코두스,
1.7m

5천5백만 년 전

페나코두스는 초기 **유제류**였다. 발가락이 다섯 개였지만 대체로 가운뎃발가락에 무게를 실으면서 결과적으로 유제류는 나머지 발가락을 잃게 되었다.

5천5백만 년 전

포유류가 다양해지면서 최초의 설치류, 토끼, (듀공과 같은) 해우류, 말, 코끼리, 아르마딜로가 나타났다.

5천2백만 년 전

최초의 **유칼립투스(고무) 나무**는 남아메리카에서 자랐다.

5천5백만 년 전

5천5백만 년 전

꽃을 피우는 식물은 수분을 하는 동물과 **공진화**했다. 곤충이나 박쥐, 조류가 많은 꽃을 수분했다.

5천5백만 년 전

조류는 오늘날 볼 수 있는 무리로 다양화되어 노래하는 새, 다이빙하는 새가 생겼다. 앵무새, 칼새, 딱따구리를 포함한다.

14cm 길이의 이카로닉테릭스.
세계에서 두 번째로 일찍 나타났다고 알려진 박쥐다.

5천2백만 년 전

이카로닉테릭스는 **반향 위치 추적을 하는 초기 박쥐**였다. 박쥐들은 적어도 5천2백50만 년 전이나 그보다 더 빨리 나타났는데, 뼈가 가늘고 연약해 쉽게 화석화되지 않았다.

· 공진화 ·

공진화는 두 유기체가 가까운 관계를 형성하여 둘 다 혜택을 받고 각자의 특정한 특질에 의존하며 함께 진화하는 것이다. 예를 들어 꽃에서 먹이를 얻는 벌새와 꽃은 공진화했는데, 꽃은 깊숙한 곳에서 꿀을 생산하고 벌새는 아주 기다란 부리와 혀로 진화해 그 안에 닿을 수 있었다.

5천만 년~4천만 년 전

최초의 낙타에 속하는 프로틸로푸스는 북아메리카에 살았다. 프로틸로푸스는 토끼 정도의 크기였지만, 낙타는 나중에 더 커졌다.

파키세투스, 1~2m로 기다란 두개골을 갖고 있으며, 여전히 고래의 특성이 있다.

5천만 년 전

(코뿔소와 관련된) **최초의 맥과 낙타**가 나타났다. 현대의 낙타, 라마, 비쿠냐 같은 낙타과 동물들은 이들에게서 진화했다. **영장류** 역시 대략 이 시대에 다양해졌다.

4천5백만 년 전

최초의 나비가 나타났다. 이들은 꽃 피는 식물과 공진화했는데, 성충과 새끼(애벌레) 역시 식물에 먹이를 의존했다.

5천만 년 전

파키세투스는 비록 아직까지도 땅에서 살고 있지만 **최초의 고래**로 분류된다. 약간 늑대를 닮은 외모로, 후손들이 바다로 가기 전까지는 바닷가 근처에서 작은 동물과 물고기를 먹었다.

4천5백만 년 전

4천9백만 년 전

지구가 차가워지는 시기가 시작되었고, 대기 속 이산화 탄소의 농도가 크게 떨어졌다. 아졸라 같은 작은 수중 식물은 남극의 따뜻한 물에서 많이 자랐는데, 이후 죽어서는 해저에 가라앉으며 식물이 보유하고 있던 탄소가 바위 안에 저장되었다. 이는 약 80만 년 동안 지속되며 지구의 '얼음 집' 시기가 시작된 이후 오늘날까지 이어졌다.

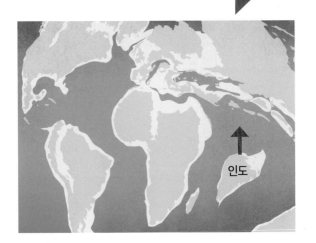

인도

4천9백만 년~4천7백만 년 전

초기 고래 암블로세투스는 현대의 코뿔소처럼 아마도 많은 시간을 물속에서 보낸 듯하다. 제멋대로 뻗은 다리로, 땅에서는 느리고 어설프게 움직였을 것이다.

3.5m 길이의 암블로세투스. 강과 연안 해역에 머물렀다.

5천만 년 전

남반구의 섬이었던 **인도**가 북쪽으로 이동하는 것을 멈추고 유라시아 대륙의 일부가 되었다. 인도의 생물들은 유라시아의 생물과 섞였고 양쪽 다 새로운 포식자, 먹이, 환경에 적응해야만 했다.

4천4백만 년~3천5백만 년 전

기후가 건조해지면서 우거졌던 삼림이 변하기 시작했어요. 상록수는 (겨울에 이파리를 떨어뜨리는) 낙엽수로 대체되어 변화하는 기온에 더 잘 대처했지요. 이 시기가 끝나갈 무렵, 열대에는 여전히 상록수 우림이 있었지만, 그 밖의 광활한 지역에 낙엽수가 퍼졌어요.

4천3백만 년~4천1백만 년 전

앤드류사르쿠스는 사나운 포식자로 보이지만, 오로지 **두개골**만 발견된 탓에 확신할 수는 없다. 크고 무는 힘이 엄청나긴 해도, 큰 동물을 사냥하기보다는 바닷가를 거닐며 조개와 거북을 아작아작 씹어먹었을 것이다. 썩어 가는 고기를 먹었거나, 커다란 이빨로 뿌리를 파헤쳤을지도 모른다.

앤드류사르쿠스의 두개골은 83cm 길이였다.

4천만 년~3천4백만 년 전

바실로사우루스는 **물속 생활에 완전히 적응한 고래**로, 사지가 줄어들어 물갈퀴가 되며 단순히 수영에만 적합해졌다. 공룡이 멸종하고 약 1천5백만 년 전 현대 고래가 출현하기 전 그 사이에 있었던 가장 큰 동물에 속한다.

바실로사우루스, 15~20m

4천4백만 년 전

헤스페로키온, 80cm

4천만 년~3천1백만 년 전

헤스페로키온은 **개 종족** 중 최초로 알려진 동물로, 후에 같은 계열로 여우, 늑대, 코요테, 자칼, 개가 생기게 된다. 자그마한 체구로 현대의 개라기보다는 작은 너구리나 사향고양이처럼 보였을 수도 있다.

4천만 년 전

설치류는 아프리카에서 남아메리카로 떠내려가는 초목, 이를테면 맹그로브 뿌리의 뗏목으로 대륙을 이동했다. 남극해를 가로지르는 거리가 현재보다 짧았던 시기였다. 현재는 대륙이 더 멀리 떨어져 있다. 새로운 땅에서 설치류 일부는 더 크게 진화했고 이미 그곳에 살고 있던 몇몇 유대목을 대체했다. 현대의 호저와 카피바라는 초기에 도착했던 설치류에게서 진화했다.

4천만 년 전

말 같은 포유류는 빠르게 다양화되었는데, 시간이 흐르면서 발굽이 달라졌다. 바깥 발가락을 잃으며 현대 말의 발굽 두 부분만 남았다.(▶101쪽)

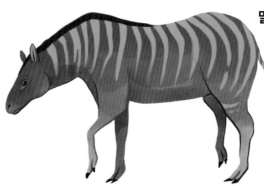

메소히푸스는 4천 년~3천 년 전 북아메리카에 살았던 키가 60cm인 말이었다.

4천만 년 전

곰, 판다, 라쿤으로 진화할 작은 포유류 무리가 발생했다. 최초로 **곰**이라고 인식할 수 있는 것은 2천만 년 전에 진화한 '우르사브스'였다.

3천8백만 년 ~2천6백만 년 전

코뿔소의 최초 형태에 속하는 서브히라코돈은 현대의 코뿔소를 닮았지만 뿔은 없었다. 약 2.4m 길이까지 자랐고 북아메리카에 살았다.

3천7백만 년~3천5백만 년 전

모에리테리움은 짧은 코와 작은 엄니를 가진 **최초의 코끼리 친척**이다. 현대의 코뿔소처럼 대부분 북아프리카의 물이나 늪에 서서 지냈다.

모에리테리움, 2.4m 길이

3천5백만 년 전

메가케롭스는 5m 길이에 어깨까지의 키는 2.5m였다.

3천8백만 년~3천4백만 년 전

북아메리카 평야에 살았던 메가케롭스는 뿔이 더 달린 코뿔소를 닮았지만 코뿔소와는 관계가 없다. **당시 가장 큰 동물**에 속해, 어떤 포식자라도 공격하기 부담스러워했다. 낮게 자라는 풀밭을 거닐며 살았는데, 풀을 먹는 데 적응하지 못한 상태에서 서식지가 풀밭으로 바뀌면서 필요한 음식을 얻지 못했다.

3천6백만 년 전

'옛 세상' 아프리카의 **영장류**가 떠다니는 초목 뗏목을 타고 남아메리카에 도착했다. 그들은 남아메리카에서 흩어지고 다양해지면서 '새로운 세상'인 남아메리카의 원숭이들과 일치하게 되었다.

초목 뗏목을 타고 떠 가는 원숭이들

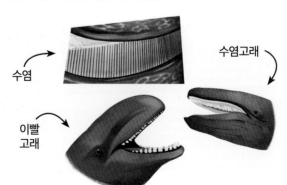

수염

수염고래

이빨 고래

3천5백만 년 전

수염이 있고 해수에서 먹이를 걸러 먹는 수염고래와 더 큰 먹이를 물 수 있는 이빨 고래 두 무리로 나뉘었다. 수염은 고래의 입안에 뻣뻣한 커튼처럼 달려 있다. 고래가 입안 가득 물을 마시고 수염을 통해서 물만 흘려보내면 입속에 작은 먹이가 갇힌다.

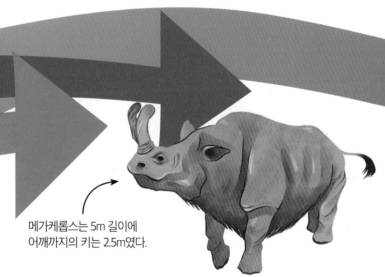

3천4백만 년~2천4백만 년 전

3천4백만 년 전 세상은 차가웠어요. 남아 있던 빙상이 5억 년 만에 최초로 남극 대륙이 되었는데(여전히 그곳에 있다), 너무 많은 물이 얼음 속에 갇혀서 해수면은 현재보다 105m 낮았고, 바다 아래 있던 땅의 일부는 말라 버렸지요. 아프리카는 북쪽으로 움직이다가 유럽과 충돌하며 알프스를 밀어 올렸어요. 인도가 아시아를 계속해서 미는 바람에 히말라야도 계속 커졌지요.

파라케라테리움은 7.4m 길이에 어깨까지가 4.8m로, 코끼리보다 훨씬 컸다.

3천4백만 년 전

최초의 벌새가 나타났다. 기다란 부리와 날개를 빠르게 펄럭거리면서 맴도는 능력으로 꽃 속에서 꿀을 꺼내는 데 완벽하게 적응했다.

3천3백만 년~2천3백만 년 전

파라케라테리움은 **이제껏 가장 큰 육지 포유류**이다. 아시아에 살았던 초식 동물로, 다른 동물들에게는 너무 높은 나뭇잎에까지 닿을 수 있을 만큼 컸다. 아마 육지 포유류의 최대치였던 듯하다. 온혈 동물은 끊임없이 열을 생산하는데, 크기가 커지면 몸을 식혀 유지하기가 어려웠을 것이다.

3천4백만 년 전

3천4백만 년 전

에오미스는 **활공하는 설치류**로, 앞다리와 뒷다리 사이에 피부가 늘어나 생긴 덮개를 이용해 나무 사이를 활공했다.

에오미스, 25cm

3천만 년~2천8백만 년 전

아피디움은 북아프리카에 살았던 **원숭이**이다. 손이 가지를 쥐도록 진화했고 나무에 살면서 과일과 곤충을 먹었다.

아피디움, 꼬리까지 30cm

3천3백만 년 전

흰꼬리수리 할리아이투스가 최초로 등장했는데, 조류 중 가장 오랫동안 살아남은 무리에 속한다.

3천2백50만 년 전

칠레 지역에 **최초의 초원**이 나타나, 이후 1천5백만 년 전까지 다른 지역으로 퍼져 나갔다. 처음에는 설치류가 풀과 씨앗을 먹었지만, 후에는 커다란 초식 동물이 새로운 생태계에서 좋은 먹이를 얻도록 진화했다.

3천만 년 전

스테노밀러스는 아주 작은 **초기 낙타**로 북아메리카에 살았다. 이 날씬하고 혹이 없는 낙타는 여러 화석이 함께 발굴되는 것으로 보아 많은 무리가 모여 살았던 것으로 보인다.

스테노밀러스, 키 60cm

2천5백만 년~2백50만 년

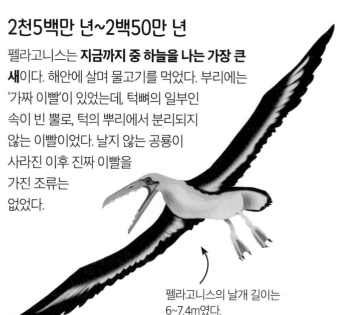

펠라고니스는 **지금까지 중 하늘을 나는 가장 큰 새**이다. 해안에 살며 물고기를 먹었다. 부리에는 '가짜 이빨'이 있었는데, 턱뼈의 일부인 속이 빈 뿔로, 턱의 뿌리에서 분리되지 않는 이빨이었다. 날지 않는 공룡이 사라진 이후 진짜 이빨을 가진 조류는 없었다.

펠라고니스의 날개 길이는 6~7.4m였다.

2천4백만 년 전

3천2백50만 년 전

풀을 먹는 데 적합한 이빨을 지닌 **친칠라**의 최초 형태가 칠레의 초기 초원에 살았다.

2천8백만 년~3,000년 전

메코수쿠스는 오스트레일리아의 나무를 오르던 **악어**였다.

오로지 두개골만 남은 탓에 브라니셀라의 몸 크기는 알 수 없다.

2천6백만 년 전

브라니셀라는 **새로운 세상 (남아메리카)에서 가장 오래된 원숭이**이다. 아프리카에서 건너왔거나 대륙을 횡단했던 원숭이들의 후손일 것이다.

3천만 년 전

아시아와 유라시아 사이의 **바다가 막히면서** 동물들이 두 지역을 다니며 섞이기 시작했다. 유럽의 몇몇 동물은 해로운 포식자, 먹이와 서식지의 경쟁자를 만나며 멸종했다.

2천4백만 년 ~2천2백만 년 전

에나리아르크토는 **최초의 물개로** 알려져 있다. 땅에서 물로 되돌아간 포유류에서 진화했다. 현대의 물개가 뒷다리만 이용해서 헤엄치고 바다사자는 앞다리로만 헤엄치는 데 반해 에나리아르크토는 네 발 모두로 수영했다.

에나리아르크토, 1.5m 길이

초원에서 풀을 뜯다

기온이 낮아지고 건조해지면서 숲이었던 많은 지역이 풀밭으로 바뀌었어요. 처음에 풀은 강둑을 따라서만 자랐는데 환경 조건이 바뀌자, 광활하게 열린 초원으로 퍼져 나갔지요. 동물들이 뒤따라 새로운 종류의 서식지와 음식에 적응하도록 진화했어요.

느린 시작

풀은 개별 식물로 6천만~5천5백만 년 전에 최초로 진화했어요. 다른 많은 식물에 비해 이산화 탄소 처리량이 적었는데, 이산화 탄소 농도와 기온이 떨어져 숲이 사라지면서 초원이 확장되었어요.

새로운 식물에는 새로운 이빨

처음에는 설치류만이 풀을 먹었지만 시간이 지나면서 초원을 돌아다니는 동물들도 풀을 먹는 방향으로 적응했어요. 풀은 동물들의 **이빨**에는 어려운 먹이였어요. 거칠고 말랐으며 땅에서 딸려 온 아주 작고 단단한 미네랄 조각이 있었죠. 풀을 먹기 위해서 동물은 입을 땅에 대야 했고 종종 씹기 힘든 토양을 같이 먹었어요. 결국 풀을 먹을 수 있는 이빨로 변화했지요. 풀을 먹는 커다란 동물들의 이빨을 '힙소돈트'라고 하는데, 거친 풀에 이빨이 닿는 것을 막는 두툼한 에나멜이 있었으며 길어졌어요.

풀 뜯는 동물들의 이빨은 앞쪽으로 풀을 뜯고 뒤로는 씹기 좋을 만큼 크게 발달했다.

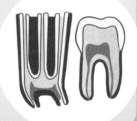

풀 뜯는 동물들의 이빨(왼쪽)은 사람(오른쪽)과 같은 잡식 동물보다 훨씬 크고 뿌리는 속이 비어 있다.

새로운 삶의 방식으로서의 풀 뜯기

몇몇 풀 뜯는 동물들은 매우 크게 자라요. 현재도 여전히 소와 코뿔소처럼 풀을 뜯는 커다란 동물들이 있지요. 다른 동물은 더 작고 민첩해요. 말은 작게 시작해서 풀을 먹으며 크게 진화했어요. **초기 말인** 메리키푸스는 키가 고작 90cm였는데 당시 가장 큰 말이었지요. 풀 뜯는 동물은 풀을 먹기도 했지만 도움도 주었어요. 풀은 잘라 낸다고 해서 죽지 않아요. 이파리를 잃는 일은 풀에게 그만큼의 가치가 있었는데, 뿌리 위로 새잎이 다시 자라났기 때문이에요. 새로 자라는 동안은 동물들에게 다시 먹히지 않았지요. 풀 뜯는 동물들이 풀을 먹을 때 풀과 경쟁하는 묘목과 식물을 밟거나 먹어 주기도 했어요.

텔레오케라스는 3m 길이로 무게는 약 1,800kg이었다. 1천6백만 년~5백만 년 전 북아메리카에 살았다.

초기 말인 메리키푸스는 1천7백만 년~1천만 년 전 북아메리카에 살았다.

달라진 발걸음

숲에서 초원으로의 변화는 식물의 변화만을 의미하지 않았어요. 이는 또 다른 변화를 낳았지요. 숲의 바닥은 썩은 초목으로 덮여 있어요. 보통 부드럽고 축축하죠. 숲은 어둡고 얼룩덜룩하며, 포식자로부터 혹은 먹이로부터 몸을 숨기기 쉬워요. 반면 풀이 자라는 초원은 초원 너머 외에는 숨을 곳이 없는 단단하고 건조한 땅이에요. 그래서 유목 동물들은 **새로운 형태의 발**을 진화시켰는데, 길고 얇아 위험으로부터 도망치기에 적합한 모양이었어요.

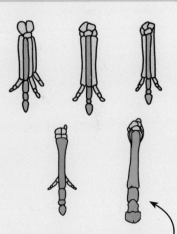

말의 발은 현재 **발굽**이 하나지만 원래는 발톱이 네 개였던 발에서 진화했어요. 에오히푸스는 네 개 중 하나의 발톱에만 무게를 실었고, 다른 세 개가 점점 짧아지다 결국 수백만 년 뒤에 사라졌지요. 아래에 짓누르는 바닥이 없고 건조한 초원에서는 부드러운 땅에서처럼 발이 푹 빠질 위험이 없어 발굽이 좁아도 상관없었어요. 긴 다리 끝에 단단하고 작은 발굽이 생긴 덕분에 말은 빠르게 달려 포식자로부터 달아날 수 있었지요.

유목 동물들의 발가락이 줄어 들면서(왼쪽에서 오른쪽) 하나의 발굽만이 남는데(오른쪽 아래), 이는 동물들이 새로운 땅에 어떻게 적응했는지를 보여 준다.

새로운 집

초기 비버인 팔라에오카스토르는 초원 아래에 나선형의 굴을 지었다.

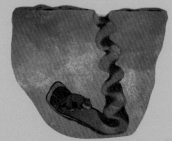

초원은 유목 동물들과 포식자들에게 단순한 집에 그치지 않았어요. 굴을 파던 팔라에오카스토르와 같은 동물들에게는 커다란 나무의 뿌리에서 해방된 **지하의 서식지를** 제공했지요. 또한 인간의 조상인 일부 영장류는 나무를 떠나 **직립 보행**을 하면서 키가 큰 풀 너머도 살펴볼 수 있게 되었어요.

2천3백만 년~1천1백만 년 전

2천3백만 년 전까지, 비록 현재의 모습과는 다르지만, 현대 포유류의 대다수 종이 등장했어요. 초원이 숲을 대체하고 낙타, 돼지, 사슴, 말, 코뿔소가 진화하면서 유목 동물들은 더욱 다양해졌지요. 이때 북아메리카와 남아메리카는 여전히 분리되어 있었고, 각 대륙에는 서로 다른 동물들이 살았어요.

2천3백만 년 전

바닷속에서 커다란 **켈프** 숲이 자라나면서 에나리아르크토스와 같은 포유류에서 조개류에 이르기까지 다양한 범위의 동물들에게 도움이 되었다. 커다란 조류의 일종인 현대 켈프는 45m까지 자랄 수 있다. '흡착 기관'으로 해저에 딱 붙어서 위로 곧게 자라났다.

켈프는 광합성을 하여 소중한 산소를 배출한다. 나뭇잎 모양의 잎에 달린 가스 주머니는 잎이 수면과 태양을 직접 향하도록 해 준다.

2천40만 년 ~1천3백60만 년 전

토마르크토스는 하이에나처럼 뼈를 짓이길 정도로 강한 턱을 지닌 **개**였다. 북아메리카에서 살았으며, 죽은 고기를 먹고 아마 사냥도 했을 것이다.

2천3백만 년 전

2천1백만 년 전

북아메리카의 숲이 죽어 가며 풀이 자라나기 시작했고, 결국 **광활한 초원**을 형성하면서 유목 동물들과 그들을 먹고 사는 육식 동물들에게 도움을 주었다.

2천60만 년~5백만 년 전

헤스페로카멜루스, 아이피카멜루스와 같은 거대 낙타가 북아메리카 중부 전체에 걸쳐 발견되었다. 아주 키가 컸으며 현재 기린이 살아가는 방식으로 나뭇잎을 먹으며 살았다.

2천만 년~3백60만 년 전

메갈로돈은 **지금까지 살았던 가장 커다란 상어**이며 현재 가장 큰 대백상아리에 비해 세 배나 크다. 18cm 길이인 이빨의 크기로 몸 크기를 계산해 왔다. 고래를 포함하여 바다에 있는 무엇이든 먹을 수 있었을 것이다.

2천만 년 전

아주 작은 산호 폴립이 현재의 오스트레일리아 앞바다의 **그레이트배리어리프** 지역에 자리를 잡기 시작했다. 지난 5억 년 동안 여러 종류의 산호가 진화와 멸종을 반복했다. 마지막 멸종은 약 4천 년 전 지구 온난화로 인해 일어났다.

아이피카멜루스, 키 3~3.2m

메갈로돈은 아마 15~18m 길이까지 자라났을 테지만 전체 뼈대는 찾지 못했다.

2천만 년~1천3백만 년 전

거대 '공포새'인 포루스라코스는 남아메리카의 상위 포식자였다. 아주 빠르게 달릴 수 있었으며 발톱 있는 날개와 거대한 갈고리 모양의 부리를 이용해 작은 포유류를 손쉽게 잡아먹은 듯하다.

포루스라코스, 키 2.5m

2천만 년~2백만 년 전

데이노테리움은 **현대 코끼리와 관계**가 있지만 직접적인 조상은 아니다. 기다란 코와 아래를 향한 엄니가 있다. 현대 코끼리의 엄니가 뒤턱에서 자라난다면, 데이노테리움의 엄니는 아래턱에서 자라났다. 어떻게 사용했는지는 알려지지 않았다. 더 큰 유일한 육지 포유류는 파라케라테리움 (▶98쪽)이었다.

데이노테리움, 어깨까지 키는 4m

1천1백만 년 전

시피아케투스, 2m 길이

2천만 년~7백만 년 전

돌고래를 닮은 시피아케투스는 현대 돌고래가 그러하듯 **반향 정위**를 사용했을 것이다. 이는 찰칵 소리를 만들어 낸 뒤 메아리를 통해 물체의 위치를 듣는 방식이다. 기다란 위턱을 물고기 떼에 내려친 다음 다치거나 놀란 것들을 먹었을 것이다.

1천3백만 년~1천2백만 년 전

거대 고래인 리비아탄은 동물 중 가장 긴 이빨을 지녔는데 무려 35cm에 달했다. 3m 두개골이 유일하게 남은 부위이다. 메갈로돈과 함께 살았으며 더 작은 고래 같은 동물을 잡아먹었다.

리비아탄, 13.5~17.5m 길이

칼리코테리움, 머리부터 어깨까지 2.6m

1천6백만 년~3백60만 년 전

말과 나무늘보 사이쯤 되는 칼리코테리움은 거대한 초식 포유류로 뒷다리와 손가락 관절을 이용해 걸었다. 손에는 매우 긴 손톱이 있어 나뭇가지를 잡아당겨 이파리를 입에 넣었다. 손가락을 구부려 걸으며 손톱을 보호했다.

1천만 년~3백만 년 전

데이노테리움이나 칼리코테리움과 같은 초식 동물은 어마어마한 크기로 자랐어요. 생물학자들은 이들을 '메가파우나(단순히 아주 큰 동물을 의미한다)'라고 불렀지요. 몸을 움직이고 매우 큰 소화 기관을 작동시키기 위해 어마어마한 양의 식물을 먹어 치웠는데, 동물들이 소화하기에 풀이 더 거칠고 질겨지자 많은 메가파우나가 멸종했어요. 1천만 년이 넘는 동안 초기 포유류 주요 24개 무리 중 6개 무리가 자취를 감췄지요.

1천30만 년~30,000년 전

거대 낙타인 티타노틸로푸스는 알래스카와 러시아 동부 사이의 베링 해협을 건너 북아메리카에서 유라시아로 이동했다. 아시아와 아프리카의 낙타는 여기에서 진화했고, 북아메리카의 낙타가 멸종된 뒤에도 살아남았다.

틸라코스밀루스, 1.2m 길이

9백만 년~3백만 년 전

틸라코스밀루스는 남아메리카에 살았던 **큰 포식성의 유대목**으로 **날카로운 이빨**을 지녔다. 유대목은 어미가 새끼를 주머니에 넣어 이동했다.

1천만 년 전

데이노갈레릭스. 30~60cm 길이로, 가시 대신 털이 있었고 고슴도치라기 보다는 쥐 같았다.

1천만 년~7백만 년 전

데이노갈레릭스는 크고 가시가 없는 고슴도치로 이탈리아에 살았다.

9백만 년~6백80만 년 전

거대 조류인 아르젠타비스는 날개 길이가 작은 비행기와 같은 6.5m에 달했다. 더 크다고 알려진 유일한 새는 펠라고니스로 2천5백만 년 전에 북아메리카에서 살았다.(▶99쪽) 아르젠타비스는 활발한 사냥꾼이었을 테지만 종종 썩은 고기(죽은 고기)도 먹었다.

아르젠타비스는 마크로에우프락투스를 먹이로 삼았다.

9백만 년~3백만 년 전

마크로에우프락투스는 **거대 육식 아르마딜로**로 약 1m이다. 남아메리카의 초원에 살았는데, 아르젠타비스와 공포새 포루스라코스 같은 거대 조류의 먹이였을 것이다.

9백만 년~7백만 년 전

포베로미스는 거대한 초식 동물로 남아메리카의 **설치류**이다. 기니피그와 닮았고 버펄로만큼 자랐다. 더 크게 자란 유일한 설치류는 요제파오르티가시아로, 4백만 년~2백만 년 전에 살았다.

포베로미스, 2.5~3m

요제파오르티가시아는 3m까지 자랐고 몸무게는 1,000kg에 달했다.

7백만 년 전

라마와 비슷하고 거대한 마크라우케니아는 남아메리카에 살며 식물을 먹었다. 현대의 맥, 말, 코뿔소와 같은 **페리소닥틸**이라 불리는 무리와 같은 과에 속했을 것이다. 이 무리의 조상은 5천5백만 년 전에 등장했고 전 세계 많은 곳으로 퍼져 나갔다.

마크라우케니아, 3m 길이

5백만 년~2백만 년 전

'곰 수달'인 엔히드리오돈은 **최초의 호미닌**(사람과의 영장류)**에 의해 멸종**에 이른 첫 동물일 것이다.

3백만 년 전

6백만 년 전

대서양에서 지중해로 들어가는 입구가 닫히고 바닷물이 증발되며 이곳 해양 생명이 위기에 처했다. 이 지역은 풀로 뒤덮인 건조한 땅으로 대체되었다. 유럽과 아프리카가 연결되어 동물들은 **두 대륙을 오갈** 수 있었다.

5백30만 년 전

홍수로 **지중해** 유역이 다시 채워져 현재의 형태가 되었다. 대서양에서 물이 흘러 들어왔고 하루 10m씩 해수면을 높였다. 지중해를 채우는 데 몇 달에서 2년 정도 걸렸다.

4백20만 년 ~1백90만 년 전

오스트랄로피테쿠스는 **초기 호미닌**이며 도구를 사용한, 인간과 유사한 최초의 영장류였을 것이다. (▶107쪽)

5백30만 년~11,000년 전

마스토돈은 북아메리카와 중앙아메리카에 살던 거대한 **초기 코끼리**로, 풀을 뜯으며 유목 생활을 즐겼다. 코끼리 같은 동물에는 남아메리카의 쿠비에로니우스와 매머드가 포함된다. 매머드는 아프리카에서 최초로 등장하여 약 60만 년 전 아메리카로 이동했다.

5백만 년 전

최초의 나무늘보와 하마가 나타났는데 거대 땅나무늘보인 메가테리움 역시 남아메리카에 나타났다. 바다를 다니는 나무늘보인 탈라소크누스도 있었는데, 낮은 물에 자라는 해초와 해변 식물을 먹었다.

메가테리움은 코끼리 크기로, 80,000년 전까지 살았다.

3백60만 년~10,000년 전

털코뿔소가 아시아의 산이 많은 고원 같은 추운 지역에서 나타났다. 11만 5,000년 전에 시작된 마지막 빙하기까지 거슬러 올라간다.

나무에서 내려오다

인간은 영장류이며 다른 유인원(고릴라와 침팬지)과 친족이에요. 원숭이, 여우원숭이, 안경원숭이 역시 영장류이지요. 영장류 계통은 지구 곳곳에서 찾을 수 있으며 서로 다른 방식으로 살아가는 매우 다른 동물들로 갈래가 나뉘어요. 오스트랄로피테쿠스처럼 최초의 인간과 유사한 영장류로 나아가기 위해 우리 조상들은 나무에서 평야로 내려오고, 야행성이었다가 낮에 활동하기 시작했어요.

플레시아다피스

아르키세부스

최초의 영장류

아주 초기 영장류는 우리와 닮은 점이 전혀 없었어요. 약 5천5백만 년 전부터 나무 위에서 살았던 작은 동물들이었지요. 플레시아다피스(5천8백만 년~5천5백만 년 전)는 정확히 영장류는 아니었지만 적어도 최초의 영장류와 관련이 있었을 거예요. 곤충이나 과일을 먹으며 나무에서 살았지요. 유럽과 북아메리카에서 발견되었는데, 그린란드의 육지 다리를 통해 대륙을 건너간 것 같아요.

진정한 최초의 영장류로 알려진 것은, 중국에서 5천5백만 년 전에 살았던 아르키세부스예요. 무게는 20~30g이었고 오늘날 살아 있는 가장 작은 영장류인 피그미 여우원숭이보다 작았지요. 안경원숭이와 같은 동물들이 유인원 계통에서 분리된 시점이 이때쯤일 거예요.

```
초기 영장류 ─┬─ 원숭이
            │  2천만 년 전
            └─ 유인원 ─┬─ 고등유인원 ─┬─ 9백만 년 전 ─┬─ 7백만 년 전 ─┬─ 인간 6백만 년 전
                      │  1천6백만 년 전              │              └─ 침팬지
                      │                            └─ 고릴라
                      └─ 긴팔원숭이                   └─ 오랑우탄
```

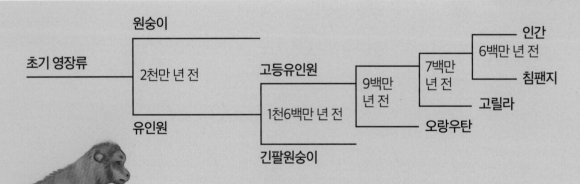

아프리카의 영장류인 이집토피테쿠스는 3천3백만 년~2천9백50만 년 전에 습하고 숲이 우거진 이집트에 있었다. 나무에 살면서 과일을 먹었을 것이다.

바다 건너

영장류는 먼저 **젖은 코 영장류와 마른 코 영장류**라는 두 무리로 나뉘어요. 우리는 다른 유인원, 원숭이와 함께 마른 코 영장류에 속해요. 젖은 코 무리에는 현재 여우원숭이, 부시베이비, 로리스원숭이가 속하죠. 마른 코 영장류는 4천3백만 년 전 다시 **안경원숭이와 원숭이류**로 나뉘었어요. 원숭이류에는 모든 원숭이와 유인원이 포함돼요. 약 4천만 년 전, 몇몇 원숭이류가 대서양을 건너 남아메리카에 살기 시작했어요. **새로운 세상에서의 원숭이들**은 그곳에 맞게 진화했어요. 꼬리가 있었는데, 몇몇은 물건을 잡을 수 있는 꼬리(나뭇가지를 잡거나 몸을 지탱하는 식으로 팔다리처럼 쓸 수 있는 꼬리)를 갖기도 했지요.

꼬리가 사라지다

약 2천만 년 전, **원숭이와 유인원은 서로 다른 길을 갔어요.**
유인원은 몸집도 두뇌도 더 커졌고 꼬리가 사라졌지요.
여전히 나무 위에서 가지와 가지 사이를 그네 타듯
이동하며 살았지만, 몇몇은 땅에서 시간을 보냈어요.

영장류인 프로콘술은 키가 1~1.5m로, 2천1백만
년~1천4백만 년 전에 살았다. 후기 유인원처럼 꼬리가
없었는데, 후기 유인원과 달리 가지 위에서 이동했으나
쉽게 그네 타듯 다니지는 못했다.

초원에서

초원이 많아지면서 **몇몇 유인원은 땅에서 보내는
시간이 더 많아졌어요.** 걷거나 직립 보행을 하기
시작하면서 초원 너머를 볼 수 있게 되었고,
포식자나 다른 위험을 앞서서 잘 감지할 수
있었지요. 태국의 시바피테쿠스는 약 1천2백만
년~1천만 년 전 나무에서 내려와 땅에서 살기
시작한 것으로 보여요. 아마도 오늘날 오랑우탄의
조상이었을 시바피테쿠스는 질긴 덩이줄기를
먹기에 적합한 이빨을 지녔어요. 땅에 있으면서
먹이를 모았을 거예요.

가노피테쿠스는 아마도 현재까지 가장 큰 유인원이었을
테지만, 남겨진 흔적이 너무 적어 정확한 크기는 모른다.
2백만 년~30만 년 전까지 중국에서 살았다.

인간으로 나아가다

9백만 년 전부터 현재의 대 유인원 계통이 나뉘기
시작했어요. 이 계통에서 우리와 가장 유사한 친족은
침팬지예요. 약 6백만 년 전에 마지막으로 같은 조상을
공유했고, 그 이후부터는 우리만의 독특한 **인류 조상의
혈통**을 찾을 수 있어요. 하나는 동아프리카에서 진화해
대륙 전체로 퍼진 아르디피테쿠스예요. 두 다리로 다니는
데 잘 적응했고 나무도 오를 수 있었어요. 우리의 가족인
호모는 오스트랄로피테쿠스 무리로부터 등장했는데,
4백50만 년 전에 살았어요. 오스트랄로피테쿠스는 아직
인간이 아니었음에도(호모라 불리지 않았다)
직립 보행을 하며 아마 도구를 사용했을
거예요. 곧장 인간으로 나아가는
길목에 있었지요.

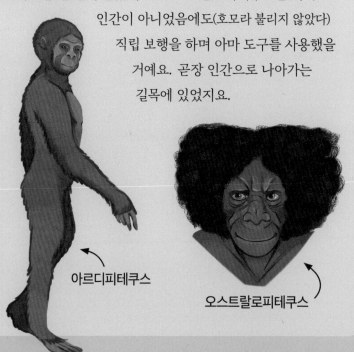

아르디피테쿠스

오스트랄로피테쿠스

chapter 6

변화하는 세계

최근 3백만 년 동안 지구는 땅과 바다의 배열 및 기후가 현재의 상태와
비슷하게 자리 잡아 왔어요. 땅에서 가장 큰 변화는 북아메리카와
남아메리카가 현재의 파나마로 연결되어 결합했다는 점이에요.
변화는 계속되고 있답니다. 대서양은 점차 넓어지고 있는데, 손톱이
자라는 속도로 현재도 이어지고 있지요. 기후는 더 따뜻하거나
시원하거나 차가워지는 기간이 있는데, 현재 상태에서는 일정 온도
안에서 유지되고 있어요. 극지방에는 항상 만년설이 쌓여 있지요.
우리는 바로 이 지구에 의존해 살며, 지구 안에서 인간과 생물이
발달해 가요. 인간이 증가하면서 지구와 그 안의 다른 생명체는
전보다 더 빠르게 변화하는 중이에요. 인간은 지구와 동물, 지구상의
또 다른 생명체에게 직접적이며 엄청난 영향을 끼쳐 왔고 지금도
여전히 그러고 있어요.

움직이고 있다

3백10만 년 전까지 북아메리카와 남아메리카 대륙은 바다로 분리되어 있었고, 대다수 동물은 양 대륙을
건너갈 수 없었어요. 약 2억 년 전 판게아가 갈라졌을 때 분리된 두 땅에서 생명체들은 독립적으로 진화했지요.

아메리카와 아프리카가
서로 멀리 떨어지면서
남아메리카는
북아메리카 쪽으로
움직여 이어졌다.

땅이 움직이고 다리가 놓이다

1천2백만 년 전부터 해수면이 오르락내리락하며 두 땅 사이에는 섬이 나타났다 사라지길 반복했어요.
그 틈에 몇몇 동물은 **북아메리카와 남아메리카 사이를 이동**했지요. 북아메리카에서 남아메리카로 처음
이동한 동물은 너구리 같은 동물, 들쥐와 나그네쥐 같은 작은 설치류였고 조금 후에는 (돼지와 친족인)
페커리가 이동했어요. 결국 약 2백70만 년 전, 두 광활한 땅은 사이에 **영구적인 다리**를 두고 이어졌어요.
그 시점부터 모든 동물이 두 대륙 사이를 오갈 수 있게 되었고 곧바로 행동에 옮겼지요.

북쪽과 남쪽의 생물

북아메리카의 동물들은 그린란드에 있는 육지 다리, 때로는 알래스카와 러시아 동부 간의 연결을 통해 **유럽과
연결**되어 진화했어요. 북쪽의 동물 중에는 유제류와 다른 떠돌이 유목 동물들뿐 아니라 스밀로돈과 같은 포식자도
있었지요.
포식이 가능한 태반 포유류가 진화하기 전에 **남아메리카**는 북아메리카와 분리되어 있었어요. 이 지역은 한때 남극
대륙을 통해 **오스트레일리아**와 연결되어 있었으므로 동물들 일부는 오스트레일리아의 동물과 관련이 있기도 했죠.
유대목 동물(발달이 덜 된 새끼를 낳아 어미 몸에 있는 주머니에서 키우는 포유류)이 여기에 포함돼요. 하지만 약 5천만 년 전
남아메리카는 섬이 되었고 거대한 뱀 티타노보아, 사나운 공포새, 악어가 큰 포식자의 자리를 점령했어요.

커다란 변화

그레이트 아메리칸 바이오틱 인터체인지(GABI)는 과학자들이 북아메리카와 남아메리카 사이의 동물 이동에 붙인 이름이에요. 북아메리카에서는 매머드, 말, 사슴, 토끼, 늑대, 고양이와 같은 동물이 남아메리카로 이동했어요. 남아메리카에서는 글립토돈과 아르마딜로 친족, 나무늘보, 커다란 설치류, 날개 없는 거대한 공포새가 북쪽으로 이동했고요.

몇몇은 곧장 낯선 포식자의 먹이가 되거나, 서식지와 먹이 경쟁에서 성공하지 못했지만 전체적으로 보면 대다수 종이 살아남았답니다.

공포새 티타니스는 5백만 년~1백80만 년 전에 살았으나 스밀로돈과 같은 북부 포식자에게 밀렸을 것이다.

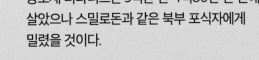

땅나무늘보인 노트로테리옵스는 2.75m 길이로 북아메리카에서 진화했고, 멕시코와 텍사스에서 11,000년 전까지 살았다.

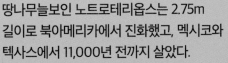

성공과 실패

북아메리카에서 남아메리카로 이동한 동물들은 새로운 서식지에서 펴져 나갔어요. 북쪽에서 온 동물들이 보다 성공적으로 확산했지요. 반대로 **땅나무늘보**는 성공적으로 북쪽으로 이동해 정착했고, 두 대륙에서 서로 다르게 진화했어요. 이 거대한 동물은 커다란 몸에 어울릴 만한 기다랗고 강력한 발톱으로 북부 포식자로부터 자신을 보호했을 거예요. 가장 큰 땅나무늘보는 6m까지도 자란 듯해요.

주변 해역

북아메리카와 남아메리카가 합쳐지면서 다른 효과도 발생했는데, 대서양과 태평양이 분리되면서 바다 동물들이 다른 바다로 이동하기가 훨씬 어려워졌다는 점이에요. 그래서 **장어**는 서로 다른 두 가지 형태로 진화했어요. 태평양과 대서양 장어가 독립적으로 진화할 수밖에 없었지요.

3백만 년~1백만 년 전

북아메리카와 남아메리카가 세계의 한쪽에서 이어지는 사이, 다른 지역에서는 영장류들이 나무에서 내려오기 시작했어요. 이러한 인간의 초기 조상들은 처음에는 숲과 평야의 다른 동물들과는 조금 달랐어요.

2백58만 년 전

북극에 빙원이 형성되면서 가장 최근의 **빙하기**가 시작되었다.

3백만 년 전~현재

최초의 황새치가 나타나, 길고 뾰족한 주둥이로 물고기를 내려친 뒤 베어 먹었다. 비슷한 종류의 물고기가 1억 년 전에 살았는데, 이는 수렴 진화의 한 예로, 둘은 서로 다르게 진화했음에도 유사한 특질을 지녔다.

2백50만 년~11,000년 전

글립토돈은 거대 **철갑 포유류**로 남아메리카의 습지에서 살았다. 현대의 아르마딜로와 비슷하지만 관절로 연결되지 않았고, 단단한 껍데기가 있어 포식자를 피할 때 머리를 안으로 집어넣을 수 있었다.

글립토돈, 3m 길이

3백만 년 전

호모하빌리스는 이미 눈에 띌 정도로 인간과 비슷한 모습이었다.

2백80만 년~1백50만 년 전

최초의 인간(호모) 종에 속하는 호모하빌리스가 아프리카에 살았다. 처음으로 석기를 만들었을 것이다. 도축의 최초 증거는 2백60만 년 전 동물의 뼈에 남은 석기 자국이다.

2백50만 년~4,000년 전

거대한 황소 같은 펠로로비스는 길이 1m가 넘는 **뿔** 때문에 숲을 다니기에 제한이 있었을 것이다. 아프리카의 초원에 살았다.

2백60만 년~60만 년 전

파란트로푸스는 초기 인간종과 같은 시기에 살았던 초기 **호미닌**이다. 뼈로 만든 도구와 아마도 불을 사용했을 것이다.

파란트로푸스 수컷은 132cm까지 자랐고, 암컷은 110cm정도까지만 자랐다. 현대 인간보다 훨씬 작은 키다.

펠로로비스, 3m 길이

2백50만 년~10,000년 전

검치호랑이 스밀로돈은 북아메리카와 남아메리카 모두에서 최고 포식자였다. 거의 30cm에 달하는 이빨이 있었지만 무는 힘은 약했다. 들소 같은 커다란 초식 동물을 먹었다.

스밀로돈, 1.5m 길이

중국 사람들은 손도끼 등의 석기를 조금씩 만들었다.

2백10만 년 전

초기 인간은 숲보다는 평야에서 살기 시작했다. 그들은 **단순한 석기**를 사용해 사냥하고, 기린과 영양 같은 유목 동물을 도살했다.

1백80만 년 ~33,000년 전

시베리아에 **스텝 매머드**가 등장했다. 털매머드의 조상으로 몇몇은 1백50만 년 전 아시아에서 북아메리카로 베링 해협에 있는 육지 다리를 건넜다.

1백60만 년~44,000년 전

하마 크기의 **웜뱃**인 디프로토돈이 오스트레일리아에 살았다. 이제껏 알려진 가장 큰 유대목으로, 오로지 식물만 먹었다. 새끼 디프로토돈은 유대목 사자의 먹이가 되었다.

1백만 년 전

1백90만 년 전

가장 최근의 **육식 식물** 형태가 진화했다. 바로 육식성의 브로멜리아드이다. 육식 식물은 동물(주로 곤충)을 가둬 놓고 먹으면서 영양분을 얻는다. 식물에게 '먹는다'는 행위는 거의 8천6백만 년 전에 시작되어 적어도 여섯 번 독립적으로 진화했다.

2백만 년 전

이제껏 알려진 가장 큰 단공류는 **거대 가시두더지** 머레이글로수스로 1m 길이였으며, 오스트레일리아에 살았다.

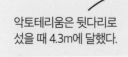

악토테리움은 뒷다리로 섰을 때 4.3m에 달했다.

2백만 년~40,000년 전

틸라콜레오, 혹은 '**주머니 사자**'는 오스트레일리아의 유대목 사자였다. 당시의 주요 포식자였다.

1백20만 년~11,000년 전

악토테리움은 남아메리카의 **거대 곰**이었다. GABI의 일환으로 북에서 남쪽으로 내려간 곰에서 진화했다. 크기가 컸지만 다른 동물을 죽이지는 않았다. 짧은 주둥이와 아주 강하게 무는 힘은 죽은 고기와 갈라진 뼈를 발라 먹는 데 적합했다.

아프리카를 떠나서

인간은 아프리카에서 처음에는 숲, 그다음은 초원을 무대로 진화했어요. 어쨌든 아프리카에만 머물지는 않았지요.
일부 인간종은 현대의 인간종인 호모사피엔스가 진화하기 전에 이미 연달아 아시아와 유럽으로 이동했어요.

최초의 인간은 약 2백만 년 전
아프리카를 떠났다.

최초의 인간

도구를 사용했다고 알려진 최초의 인간은 호모하빌리스로, 아프리카에 살았어요.
아마도 석기를 최초로 만들었을 텐데, 씹을 수 없는 고기를 자르거나 뼈를 깨서
영양가 높은 부위를 얻고, 맨손으로 잡을 수 없는 동물들을 사냥했겠지요. 인간은
2백만 년~1백70만 년 전부터 확실히는 1백만 년 전까지, 불을 통제하기 시작했을
거예요. 다른 동물은 전혀 하지 못했던 일로, 좋은 점이 많았어요. 이로써 인류가
환경과 그 안에 사는 다른 생명체들에 엄청난 영향을 끼치기 시작했지요.

석기를 사용한
호모하빌리스

멀고 먼 곳으로

아프리카를 넘어 퍼져 나간 최초의 인간종은 호모에렉투스였어요. 2백12만 년 전 중국에
다다랐고 1백80만 년 전에는 중동으로 퍼졌지요. 호모에렉투스는 현대 인간의 몸과
유사했어요. 다른 영장류에 비해 몸의 털이 얇았고 긴 다리와 작은 치아, 그리고 더 큰
두뇌가 있었지요. 두뇌의 크기는 인간을 다른 동물들과 차별화했고, 도구와 언어를
사용하는 능력을 가져다주었어요.

도끼로 동물의 피부를 벗기는 호모에렉투스

추위를 정복하다

인간이 퍼져 나가면서 몸이 새로운 환경에 적응하며 새로운 인간종이 거듭 탄생했어요. **불을 사용**해 따뜻함을 유지하고 죽인 동물의 피부로 간단한 옷을 지어 입으면서, 인간은 너무 추워서 생존할 수 없는 지역으로도 이동했지요. 다른 동물들은 추운 지역으로 이동하기 위해서 수천 년에 걸쳐 두꺼운 털과 지방층을 진화시킨 반면, 인간은 훨씬 빠르게 퍼져 나갈 수 있었어요. 다른 동물이라면 아직 준비되지 못했거나 빠르게 적응하기 힘든 새로운 포식자가 있는 지역에도 들어갔어요.

호모에렉투스는 1백만 년 전 불을 일상적으로 관리했던 최초의 인간이었을 것이다.

호모하이델베르겐시스는 몇몇 후기 인간의 공통 조상이었을 것이다.

조상을 공유하다

현대 인간은 아마도 약 31만 5천 년 전 아프리카에서 호모하이델베르겐시스라 불리는 종으로부터 진화했을 거예요. 약 70만 년~20만 년 전에 살았던 이들은 네안데르탈인과 데니소바인의 조상이었을 가능성도 있는데, 세계의 다른 지역에서 각각 진화했어요.

다시 아프리카를 떠나다

호모사피엔스가 아프리카를 떠나 전 세계에 정착하는 과정에서 앞선 형태의 인간이 이미 정착해 삶을 꾸려 가던 곳으로 들어가기도 했어요. 아시아에서는 **데니소바인**과 마주쳤고, 유럽에서는 **네안데르탈인**을 만나 함께 살았지요. 인간의 활동은 우리에게 낯설지 않아요. 네안데르탈인 역시 뼈로 만든 도구와 석기를 쓰고 불을 사용했으며, 예술을 창조하고 언어를 구사하며, 아마도 일정 형식의 종교적인 삶을 영위했을 거예요. 죽은 사람을 묻기도 한 걸 보면 말이에요. 현대 인간은 다른 형태의 인간들과 함께 살아가며 상호 교배해, 혼합된 인간 유형으로 이루어진 가족을 구성했어요. 우리는 오늘날에도 여전히 이러한 초기 인간의 DNA를 지니고 있지요.

1백만 년~30만 년 전

최후 1백만 년 동안은 인간이 다른 생명체와 환경에 엄청난 영향을 주면서 순식간에 지구의 지배종이 되었어요. 대부분 변화는 최근 10,000년 동안 일어났지만, 호모사피엔스보다 더 앞선 인간들 역시 주변의 세상을 바꾸어 나갔죠. 1백만 년 이상 살았던 동물 중에 몇몇은 최근 기후 변화와 인간의 활동으로 인해 멸종에 이르렀지만, 대부분 여전히 우리와 함께 지내고 있어요.

1백만 년 전

조상보다 더 작은 현대의 코요테가 나타났다. 코요테는 개와 늑대 같은 친족들과 함께, 썩은 고기(이미 죽어서 발견된 동물)와 과일 등의 먹이를 더 다양하게 먹으며 살아남았다.

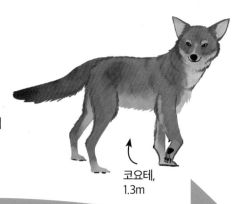

코요테, 1.3m

60만 년~12,000년 전

유럽의 **동굴 사자**는 살아 있는 사자 중 가장 큰 유형이다. 북부 유럽, 아시아, 아메리카의 거대 동물을 먹이로 삼고 동굴곰과 매머드와 씨름하기도 했다.

동굴 사자, 2.1m

1백만 년 전

78만 년~50만 년 전

유럽의 기후가 따뜻해지고 얼음이 얼지 않는 겨울이 찾아왔다. 남부 잉글랜드에 살던 **거대 하마**는 현대 하마의 1.5배 크기였다.

50만 년 전

초기 인간종인 호모하이델베르겐시스는 (손잡이나 자루에 뾰족한 끝이나 날이 달린) **손잡이가 있는 무기**를 사용하기 시작했을 것이다.

손잡이가 있는 무기로 인간이 안전한 거리에서 큰 동물들을 공격할 수 있었다.

· 진화의 유전 ·

새로운 종은 생명체 무리가 환경이 다르거나 처음 살던 곳과 다른 곳에 발이 묶였을 때 진화할 수 있다. 발이 묶인 인구 내에서의 자연 선택으로, 새로운 환경에 가장 잘 맞는 특질을 가진 개인이 번창하면 그 특질이 가장 보편적인 것이 된다. 무작위의 유전적 변화가 작은 무리에 집중되면 지배적인 특질이 변화하는데 이를 '유전적 부동'이라고 한다.

48만 년~35만 년 전

북극곰은 큰곰이 살던 지역에 얼음이 퍼졌을 때 큰곰이 진화한 것이다. 눈 속에서 숨기 좋게 흰 털이 나고 피부 아래 지방층이 두껍게 쌓이며 체온을 따뜻하게 유지해 주었다. 큰곰들은 추워진 환경에서 주변 동족들에 비해 더 잘 살아남을 수 있었다.

네안데르탈인은 도구와 불을 사용하였고 예술 활동을 했으며 죽은 자를 매장했다. 아마 언어도 사용했을 것이다.

45만 년~40만 년 전

네안데르탈인이 유럽에서 부상했다. 호모사피엔스의 등장 이후인 약 40,000년 전까지 살아남았다.

31만 5,000년 전

호모사피엔스가 아프리카에서 진화했다. 현대 인간은 최초의 호모사피엔스 조상에 비해 신체 및 정신적 능력이 그렇게 많이 변하지 않았다.

호모사피엔스는 도구를 사용하고 타인과 협력하며 최고 포식자가 되었다.

약 30만 년 전, 유럽과 북아메리카의 많은 지역은 숲으로 뒤덮여 있었다. 기온과 해수면은 오늘날과 거의 비슷했고, 이산화 탄소 농도 역시 화석 연료 사용의 빠른 증가 이전의 수준과 비슷했다. 현재 인간은 기후와 땅덩어리가 오늘날과 비슷한 곳에서 살아갈 수 있게 진화한 결과이다.

30만 년 전

메갈로케로스는 뿔의 끝까지 키가 3m, 몸길이도 3m이다.

40만 년 ~95,000년 전

메갈로케로스는 이제껏 살았던 어떤 동물보다도 큰 뿔이 있는 **거대한 사슴**이다. 전부 크지는 않아서, 섬에서 살던 개체들은 1m보다 작기도 했다. 섬에 사는 동물들은 때로 작게 자라는데, 너무 많이 먹어서 섬의 음식이 바닥나 멸종에 이르는 것을 방지하기 위함이다. 이를 '**섬 왜소화**'라고 한다.

30만 년 전

네안데르탈인은 **나무로 된 창**을 사용했다. 멀리 쓸 수 있는 무기는 가까운 거리에서 씨름하지 않아도 보다 큰 먹이를 사냥하고 죽일 수 있다는 것을 의미한다. 말에 가까이 다가가 손무기를 가지고 죽이기는 어렵지만, 창이 있으면 멀리서도 죽일 수 있다. 이로써 인간은 포식자로서 유리한 위치에 서게 되었다.

40만 년 전

초기 인간이 **불**을 지속적으로 사용하기 시작했다. 포식자로부터 보호하고, 무기를 다듬고, 음식을 요리하는 데 불을 썼다. 불의 사용은 30만 년 전쯤 눈에 띄게 증가했다.

나무 창끝은 종종 불로 단단하게 만들었다.

30만 년~80,000년 전

지금보다 더운 기후로 현재 적도 근처에서 발견되는 동물들은 더 북쪽에서 살았어요. 독일에서 코끼리가 살았고 하마는 잉글랜드의 템스강에서 유유자적했죠. 하지만 더위는 지속되지 않았어요. 마지막 2백50만 년 동안 얼음이 25회나 생겼다 녹기를 반복했고, 가장 최근의 빙하기는 12만 6,000년 전에 시작됐어요.

30만 년 전

오스트레일리아의 메이올라니아는 한때 살았던 **가장 큰 육지 거북**이었을 것이다. 머리에 뿔이 있어 머리를 껍데기 안으로 집어넣어 보호하지 않았다. 이 뿔들은 포식자가 메이올라니아를 한입에 물지 못하게 했다.

2m 길이의 껍데기를 가진 메이올라니아도 있었지만 섬에서는 길이가 70cm에 불과했다.

12만 6,000년~12,000년 전

거대 맥은 중국과 인도네시아에 살았다. 맥의 코는 짧아진 코끼리 코와 같지만, 맥은 말이나 코뿔소와 더 관련이 깊다.

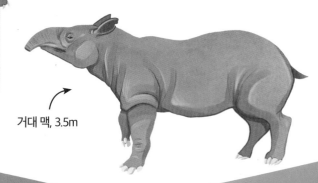

거대 맥, 3.5m

30만 년 전

25만 년~24,000년 전

동굴곰은 크기가 큼에도 불구하고 대부분 식물을 먹었다. 하지만 때때로 죽은 고기를 먹기도 했다. 겨울잠이 때로는 위험을 불렀는데, 동굴에서 자는 사이 동굴 사자에게 잡아먹혔다.

동굴곰, 3m

12만 5,000년 전

네안데르탈인들은 불을 사용해 현재 독일 지역의 숲을 정비했다. 이는 인간이 **환경에 주목할 만한 영향을 주고 있다**는 사례이다. 다른 생명체는 고의로 환경을 이렇게 큰 규모로 변화시키지 않는다.

10만 년~50,000년 전

호모플로레시엔시스라 불리는 **작은 인간종**이 인도네시아에서 살았는데, 키가 110cm까지만 자랐다.

11만 년 전

스페인에서 동부 러시아, 그리고 알래스카와 캐나다까지 **매머드 초원**이 발달했다. 당시 매머드는 지구상 가장 큰 생물군계(살아 있는 생명체들이 한 환경에 모임)였다. 이는 10만 년 동안 지속됐으며 초원은 풀과 낮은 관목을 먹이로 하는 스텝 들소, 말, 매머드와 같은 메가파우나의 집이었다. 비록 차갑고 건조했지만, 오늘날 아프리카의 사바나가 그렇듯 동물과 식물이 풍부했다.

스텝 들소. 2m 길이로 약 60만 년 전에 진화했는데, 매머드 초원에 스스로 와서 5,000년 전까지 살아남았다.

9,000년 전

현재 콩고 민주공화국의 땅에 살던 사람들은 **뼈로 만든 가시 창끝**으로 물고기를 잡았다.

80,000년 전

10만 년 전

호모사피엔스가 아프리카를 떠나 **전 세계에** 퍼져 나가기 시작했다. 그들은 들어가고자 하는 모든 환경에 들어가 다른 생명체에 영향을 끼치기 시작했다.

현대 인간은 아프리카에서 진화해 전 세계로 퍼져 나갔다.

10만 년 전

이가 처음으로 나타났는데, 이때 인간들이 처음으로 옷을 입었다는 증거가 있다. 이는 몸에 직접 살지 않고 옷 위에 살았다.

이, 2.5~3.5mm 길이

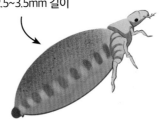

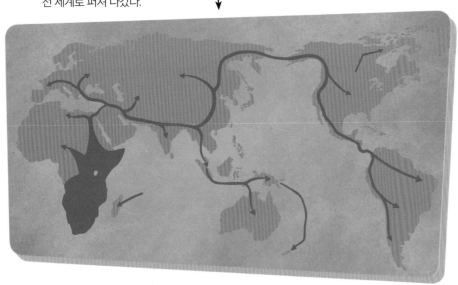

85,000년 전

현대 인간이 체계적으로 **불을 사용하여 땅을 바꾸려 했다**는 최초의 증거가 아프리카의 말라위에서 나왔다. 그곳에서 사람들은 숲을 없애기 위해 나무를 태웠는데, 명백히 고의로 그 지역의 동식물 종류를 바꾸려 한 일이다.

얼음이 만든 세계

약 12만 6,000년 전 기후가 변화하며 10만 년 이상 지속된 빙하기가 시작되었어요. 약 20,000년 전에 추위가 가장 극심했지요. 당시 지구의 기온은 현재보다 약 6℃ 정도 낮았고, 강우는 현재 수준의 절반 정도였어요. 이 시기는 11,700년 전에 지구가 현재 기후로 정착하며 끝났어요.

얼어붙은 땅

18,000년 전 한해 내내 지구 표면의 거의 30%가 **얼음으로** 뒤덮인 적이 있었어요. 그중에는 두께가 3.2km에 달하는 부분도 있었죠. 남쪽에는 남극 대륙에서 아르헨티나까지 빙상이 펼쳐졌고, 북쪽 지역에서는 북아메리카, 모든 영국의 섬을 포함하여 알프스까지 이어지는 북유럽, 그리고 북부 러시아의 시베리아를 가로지르는 지역까지 얼어붙었어요. 빙하는 남아메리카의 안데스, 뉴질랜드, 태즈메이니아, 아프리카 동부와 중부의 산도 뒤덮었어요. 얼음으로 뒤덮이지 않은 땅은 여름에 빙하에서 녹아내리는 물이 모여 형성된 호수뿐이었지요.

더 많은 삶의 공간

가장 추운 기간 동안, 너무 많은 물이 얼음에 갇혀 해수면이 현재보다 120m나 더 내려갔어요. 이전에 잠겨 있던 땅이 드러났고, **육교**가 생기자 보통은 바다로 분리되어 있던 두 지역으로 동물과 식물이 퍼져 나갔어요. 영국 경로(영국과 프랑스 사이)는 말랐고 동부 러시아와 알래스카 사이의 바다 역시 사라져 베링 육교라 불리는 다리가 생겼지요.

영국과 유럽 대륙 사이의 건조한 땅으로 인간을 포함한 동물들이 자유롭게 오갈 수 있었다.

■ 현재의 땅

■ 2만 년 전 노출되어 추가된 땅

털코뿔소인 코엘로돈타는 유럽과 아시아 전역에서 2백50만 년 동안, 14,000년 전까지 살았다.

야생에서의 몸

추위와 싸우기 위해 **많은 동물의 몸이 커졌어요**. 이전부터 동물들이 점점 커져 이미 수많은 메가파우나가 존재했지요. 커다란 몸은 동물들이 열기를 지키는 데 도움이 돼요. 털코뿔소와 같은 동물은 두꺼운 털 덮개가 있었고, 여러 층의 지방이 단열재로서 몸을 따뜻하게 해 주었어요. 3m 길이의 털코뿔소는 등에 혹이 있었는데, 여기에 봄과 여름에 쌓아 놓은 지방을 저장해, 먹던 식물이 죽고 얼음 속에서 먹이를 찾을 수 없을 때 겨울을 무사히 났지요.

털매머드는 매머드 초원의 추위 속에서 번성했다.

희박한 풀

얼음 땅에 숲은 없었지만, **이끼, 지의류, 낮게 자라는 식물**들이 자라났어요. 몇 센티미터가 줄어들긴 했어도 땅의 많은 부분이 영구적으로 얼어붙었는데(이를 '영구동토층'이라고 부른다), 거기에서는 나무가 깊이 뿌리내려 자라기 어렵죠. 매머드, 사슴, 털코뿔소와 같은 동물들은 풀과 관목 위에서 살아남아야 했어요. 이런 식물들은 여름에는 무성하게 자랐지만 겨울에는 찾기 어려웠지요.

겨울의 삶

메가파우나가 두꺼운 털과 지방을 키우는 동안 인간은 죽인 동물의 생가죽을 이용해 **옷**을 짓고 **불**을 피워 따뜻함을 유지했어요. 나무막대기, 뼈, 동물을 먹고 남은 가죽으로 **은신처**도 만들었지요. 독창적으로 도구를 이용해 적대적인 환경에서 살아가며 만나는 도전을 극복할 수 있었던 최초의 생명체가 인간이었어요.
당시 인간들은 사냥했던 동물의 세부 사항을 주의 깊게 관찰해 **동굴 예술**로 남겨 두어서, 오늘날 우리는 선조들이 어떤 동물을 사냥했는지도 알 수 있지요.

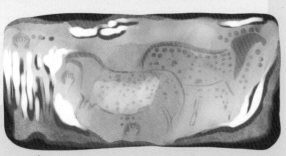

점박이 말을 그린 동굴 벽화는 이 예술가들과 함께 살았던 말의 실제 무늬를 보여 주는 것만 같다.

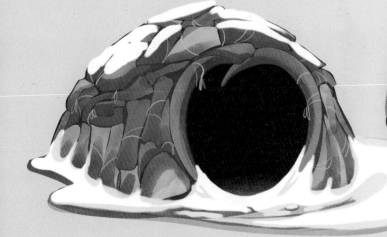

매머드 뼈와 가죽으로 만든 은신처가 남아 있어, 초기 인간들이 추위 속에서 어떻게 살았는지를 알 수 있다.

80,000년~12,000년 전

약 12,000년 전, 현재의 기후가 시작되기 전 평균 지구 온도는 오늘날보다 낮았어요. 때로는 5°C 정도로도 내려갔지요. 이때는 인류가 지구에 계속 퍼져 나가 다른 생물종과 환경에 더 의미 있는 영향을 끼치기 시작한 시기였어요.

80,000년 전

살아 있는 생명체 중 가장 오래됐다고 알려진 것은 '판도'라는 별명이 붙은 **사시나무** 한 그루로, 미국 유타 지역에서 자라기 시작했을 것이다. 사시나무가 떨면서 복제를 통한 번식이 이루어지며, 거대한 한 뿌리에서 나온 새로운 나무가 잎을 틔운다. 80,000년 전까지만 해도 씨앗 하나가 이렇게 거대한 나무 군락을 만들기도 했다.

54,000년 전

현대 인간과 네안데르탈인은 때때로 함께 살며 **혼합 가정**을 이루었다. 따라서 네안데르탈인의 유전자가 현대 인간에게도 전해졌다.

80,000년 전

65,000년 전

현대 인간이 **오스트레일리아에 도착**했다. 초기 정착자들은 바오바브나무의 씨앗을 갖고 온 듯하다. 일곱 종의 나무 중 하나 이상이 오스트레일리아에서 자란다.

인간은 뗏목이나 간단한 배를 만들어 바다를 건넜고, 오스트레일리아와 동남아시아의 섬들을 지배했다.

54,000년 전

현대 인간이 **유럽으로 이동**했다.

42,000년 전

오스트레일리아의 메가파우나가 알 수 없는 이유로(지역의 기후 변화가 원인이었을 것이다) **멸종했다.** 소 크기의 유대목 동물인 맥, 7m의 도마뱀, 그리고 2m의 거대한 날개 없는 새 게니오르니스가 금세 사라졌다.

40,000년 전

모든 다른 인간종이 이때까지 멸종했고, **현대 인간만이 유일하게 생존**했다. 다른 종들이 왜 자취를 감추었는지는 분명하지 않다.

41,700년과 32,000년 전

시베리아의 영구동토층에서 얼어 버렸던 두 **선충류**가 2018년 다시 살아났다! 지구상에서 가장 오래된 살아 있는 동물이 되었다.

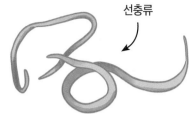

선충류

15,000년 전

가장 오래된 **유리해면**은 알래스카에서 알을 낳으며 여전히 살아 있을 것이다. 이 생물은 너무 천천히 자라, 수천 년이 지나도 30cm 정도다. 이산화 규소로 된 가시로 컵 모양의 내부 골격을 만든다.

유리해면

26,000년~500년 전

마다가스카르에는 최근까지 **거대 여우원숭이**가 살았는데, 현대 여우원숭이처럼 야행성이며 나무에서 살았다. 인간 사냥꾼에게 몰살당한 듯하다.

가장 큰 거대 여우원숭이는 160kg까지 나갔다.

12,000년 전

약 25,000년 전

인간은 늑대로 시작했던 **개를 길들였다**. 개를 이용해 포식자나 낯선 이가 다가오는 것을 경계했고, 사냥과 가축 치는 일에 도움을 받았다.

길들여진 개

19,000년 전

해수면이 낮아지자 평평한 초원이 베링 해협에 다리를 만들었다. 인간을 포함한 동물들이 북쪽에서 남쪽으로 1,600km, 아시아와 북아메리카 사이를 오갈 수 있는 길이 생겼다. 땅은 얼지 않은 상태였는데 (털코뿔소와 같은) 몇몇 동물은 부드러운 땅을 건널 수 없었다. 이곳은 11,000년 전 다시 물에 잠겼다.

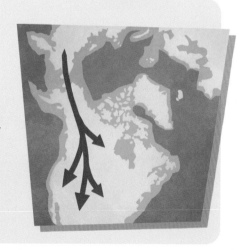

14,700년~12,900년 전

재빠르게 더워졌다가 금방 다시 추워졌다. 온난화로 인해 북아메리카의 거대한 빙하가 녹아내렸고, 얼음물이 바다로 흘러 내려오며 기온은 다시 낮아졌다. 따뜻한 시기에는 매머드 초원이 녹았는데, 아마도 이로 인해 털코뿔소가 멸종했을 것이다.

기원전 10000년~현재

지난 12,000년 동안은 인간이 여러 변화를 주도했어요. 농장과 도시를 짓기 위해 땅의 풍경을 바꾸고, 개별 생명체는 물론, 자연의 균형 역시 바꿔 놓았지요. 기원전 1년 후에는 현재 시대(서기)가 시작되었어요.

12,000년 전

인간이 **농사를 짓기 시작**했다. 무엇을 키울지 선택하고 도구와 불을 이용해 나무를 소거했다. 어떤 동물이나 식물을 번식시킬지 선택하는 선발 번식을 통해 농장의 식물과 동물의 특성을 변화시켰다.

가장 속이 꽉 찬 옥수수 씨앗을 내년에 심기 위해 저장해둠으로써, 초기 농부들은 야생의 형태(왼쪽)에서 현대의 형태(오른쪽)로 옥수수를 점차 변화시켰다.

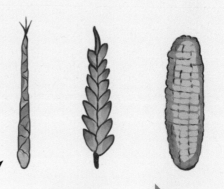

기원전 3000년

살아 있는 나무 중 가장 오래된 것은 **강털 소나무**로, 캘리포니아에서 싹을 틔웠다.

기원전 10000년

기원전 6000년~4000년

그레이트배리어리프에서 현재 발견되는 산호는 6,000년 전 해수면이 현재 수준이었을 때 만들어지기 시작했다. 바다는 점차 깊어졌고 오래된 산호 위에 새로운 산호가 덧붙으며 햇빛이 도달하는 범위 내에 머무는 암초가 점차 커진다.

11,700년 ~11,000년 전

얼음의 시대 끝에는 새로운 기후에 적응하지 못한 **큰 동물들이 죽었다.** 북아메리카에는 1,000kg 이상 나가는 대다수 메가파우나가 살았는데, 2m 길이의 거대 비버인 카스토로이데스, 낙타, 매머드, 마스토돈 모두 사라지고 말았다.

기원전 2500년

러시아의 북동 해안 앞 브란겔섬에 살던 마지막 매머드가 모두 죽었다.

그레이트배리어리프는 오스트레일리아 동부 해안 앞에 있는데, 세계에서 가장 다양한 해양 생물 서식지이다. 암초 자체는 지구에서 가장 오래된 살아 있는 구조물이다.

기원전 2000년

가장 오래전부터 살아남은 **흰개미 군락**은 아프리카와 브라질에서 시작되었다. 흰개미는 약 2억 년 전 최초로 진화한 사회적 곤충이다. '초유기체'로 군락이 함께 일하는데, 몰개성 개별 개체들이 군락을 짓거나 방어하는 공통의 업무를 같이 수행하고, 일부 몰개성 개체는 번식을 한다. 브라질에 가장 큰 군락은 영국과 같은 크기이며 언덕 2백만 개로 이루어져 있다.

1519년

유럽의 에르난 코르테스가 멕시코를 침략할 때 이용한 교통수단인 말 16마리는 **현대의 말로서 북아메리카에 다시 퍼졌다.** 11,000년 전 최초로 진화한 미국에서는 멸종되었지만, 아시아에 살기 위해 베링 해협을 건너간 종은 살아 있었다.

도도는 키가 1m까지 자란다.

1662년

모리셔스섬에 살던 날개 없는 새 도도는 인간의 사냥, 서식지 파괴, 항해하는 배에 실려 온 들쥐의 먹이가 되면서 멸종 위기에 처했다. 인간의 영향으로 한 종이 사라지는 것이 인식된 첫 사례였다.

서기 1000~1200년

마다가스카르의 거대하고 날지 못하는 **코끼리 새**는 아마도 인간의 활동으로 **멸종 위기**에 처한 듯하다.

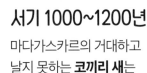

서 있을 때 키가 3m인 코끼리 새는 세계에서 가장 무거운 새다.

현재

1936년

마지막 주머니 늑대, 태즈메이니아 호랑이가 죽었다. 유럽에서 태즈메이니아에 소개된 야생 개와의 경쟁으로 인해 줄어든 먹이, 서식지 파괴, 전염병이 원인이었다.

태즈메이니아 호랑이, 1~1.3m

· 침입종 ·

인간이 생명체를 새로운 환경에 데려가면 대개 침입종이 된다. 이미 그곳에 살고 있는 생명체와의 경쟁에서 성공하면 종종 그 서식지를 차지하고 생태계를 위협한다. 침입종은 개체수 증가나 식량을 위한 번식의 목적으로 소개되기도 하고, 배에 밀항하거나(들쥐) 음식에 섞여(작물 해충) 우연히 들어오기도 한다.

2023년

뉴질랜드의 날지 못하는 큰 앵무새, **카카포의 보존 계획**이 성공했다. 1995년 51마리에서 현재는 250마리 이상이다. 서식지를 포식자가 없는 섬으로 유지하고 있다.

지금 우리는

인류는 수천 년 동안 지구의 삶에 영향을 끼쳐 왔지만, 지난 수백 년 동안의 영향력은 특히 엄청났어요. 이제 우리가 사용하는 화석 연료가 기후를 급속도로 변화시키고 있지요. 이 변화는 우리 인간뿐 아니라 지구를 함께 쓰는 모든 생명체에게 미칠 거예요.

돌아다니다

사람들은 배를 타고 바다와 대륙을 건너며 지구를 자유롭게 돌아다녀요. 그러면서 종종 식물과 동물을 동반해 새로운 환경에 내놓죠. 1859년 유럽의 정착민들이 사냥을 즐기기 위해 오스트레일리아에 토끼 13마리를 풀어 놓았어요. 토끼들은 빠르게 번식하며 고유의 식물을 파괴하고 고유의 동물과 경쟁해 이겼어요. 1940년대 말까지 오스트레일리아에는 6억 마리의 토끼가 있었어요. **외래종**의 확산 중 가장 빠른 속도였지요. 인간은 들쥐와 작물 해충을 우연히 새로운 지역에 내놓기도 했고, 새, 말, 낙타, 토끼, 여러 식물은 계획적으로 들여왔어요.

토끼는 오스트레일리아 생태계에 큰 타격을 주었다.

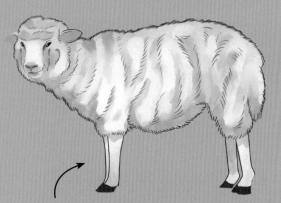

'돌리'는 1996년 단일 부모의 체세포를 복제한 최초의 포유류이다.

몸과 삶이 바뀌다

인간은 농사를 짓기 시작하자마자 경작하는 식물과 기르는 동물을 바꾸었어요. 처음에는 선호하는 특질을 가진 생명체를 선택하여 번식시키는 방식이었으나 1970년대부터는 동식물 **유전자**에 직접 개입해 우리의 입맛에 맞게 변형시켰지요. 곡물에 더 많은 비타민을 첨가하는 등 일부 경우는 유용했어요. 빛을 받으면 반짝이는 반려물고기를 만든 기발한 사례도 있었지요. 인간은 심지어 개별 동식물을 똑같이 복사한 복제 생물을 만들 수도 있게 됐어요.

회색 패모는 원래의 노란 꽃에 비해 눈에 덜 띈다. 회색 꽃이 살아남아 번식하면 더 흔해진다.

함께 살다

몇몇 생물은 **인간 주변에 적응하며** 살기 시작했어요. 어떤 물고기는 작은 크기로 알을 낳기 시작했는데, 고기 잡는 선단에 큰 알이 잡히기 때문이었죠. 코끼리는 진화해 코가 작아졌는데, 큰 코가 밀렵꾼의 눈에 잘 띄기 때문이었어요. 바위의 경사지에서 자라는 식물인 패모는 전통 약물의 원료로 쓰였는데, 꽃이 노란색이었다가 눈에 잘 띄지 않는 회색으로 변한 사례도 있어요.

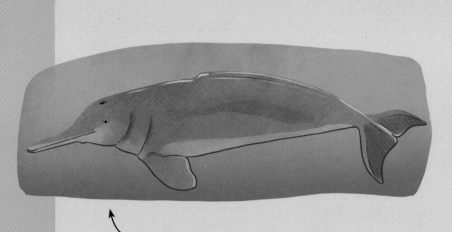

마지막 강돌고래는 2002년에 죽었다.

현존하는 위험

과학자들은 인간의 활동으로 다음 **대멸종**이 이미 시작되었다고 해요. 1500년 이후 900개 종이 이미 멸종했지요. 지나친 사냥, 서식지 파괴, 침입종으로 인해 많은 생물이 멸종 위기에 처했어요. 게다가 인간 탓에 극심한 기후 변화가 진행되고 있고요. **기후 변화**는 앞선 모든 대멸종의 공통분모였음을 잊으면 안 돼요.

회복하다

전부 나쁜 소식만 있는 건 아니에요. 일부에서는 **생물 다양성을 지키고 회복하기** 위해 노력하고 있답니다. 환경을 지키고 밀렵을 금지하며 인구수를 조절하고 지역을 '다시 야생으로' 조성하려고 애쓰고 있죠. 다시 야생으로 되돌린다는 건 땅에 자연을 되돌려 주는 거예요. 매머드 초원의 일부를 회복하는 계획도 있는데, 매머드를 복원하려는 게 아니라, 그곳에 살던 식물을 이용해 현대의 초식 동물을 지원하고 토양과 기후를 보호하려는 목적이에요. 또한 플라스틱을 먹는 미생물과 곤충이 이미 진화해, 땅과 바다를 오염시키는 거대한 플라스틱 산을 제거할 수 있을지도 모른다는 희망도 생겼지요.

루마니아 카르파티아산맥에서 일어난 '다시 야생으로' 운동으로, 늑대, 들소, 독수리가 돌아왔다.

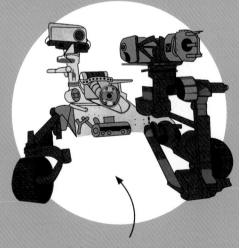

나사의 탐사 로봇 퍼서비어런스는 수백만 혹은 수십억 년 전 화성에서 미생물이 살았던 증거를 찾고 있다.

오로지 지구에만?

현재까지 지구는 생명을 지속시킬 수 있다고 알려진 우주 유일한 공간이에요. 천문학자들은 태양계 내는 물론이고 멀리 있는 다른 별에서 과거나 현재의 **생명 흔적**을 찾고 있어요. 생명체의 타임라인은 서로 다른 시간과 장소에서 여러 차례 펼쳐져 왔으니, 언젠가는 아주 다른 형태의 삶을 알게 될지도 모르지요.

찾아보기